"十三五"国家重点出版物出版规划项目

10

一带一路百城记·海洋新知科普丛书

印象加尔各答

陶红亮 主编

冰河插画 李伟 绘画

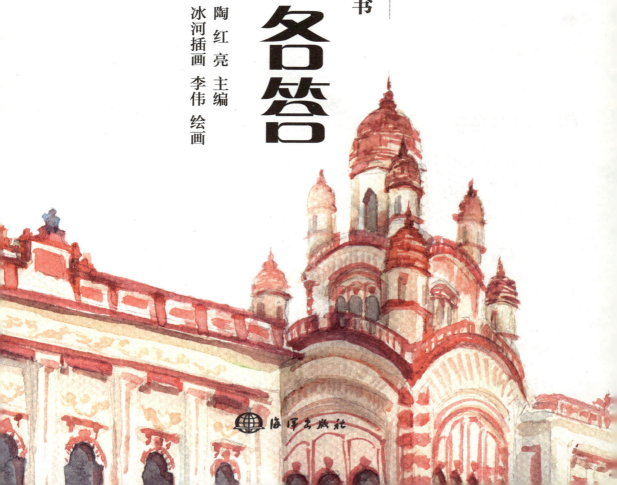

海洋出版社

图书在版编目（CIP）数据

印象加尔各答 / 陶红亮主编；李伟绘画 . —北京：海洋出版社，2018.5（2025年1月重印）
（一带一路百城记 . 海洋新知科普丛书）
ISBN 978-7- 5210-0088-7

Ⅰ . ①印… Ⅱ . ①陶… ②李… Ⅲ . ①加尔各答 – 概况 Ⅳ . ① K935.1

中国版本图书馆 CIP 数据核字（2018）第 069863 号

印象加尔各答

总 策 划　刘　斌		发 行 部　（010）62100090	
策划编辑　刘　斌		总 编 室　（010）62100034	
责任印制　安　淼		网　　址　www.oceanpress.com.cn	
排　　版　童　虎 • 设计室		承　　印　侨友印刷（河北）有限公司	
		版　　次　2018 年 5 月第 1 版	
出版发行　海洋出版社		2025 年 1 月第 2 次印刷	
		开　　本　787mm×1092mm　1/16	
地　　址　北京市海淀区大慧寺路 8 号		印　　张　11.25	
100081		字　　数　270 千字	
经　　销　新华书店		定　　价　72.00 元	

本书如有印、装质量问题可与发行部调换

　　2000 多年前，一群商人赶着骆驼从西安出发，一路向西，最远抵达地中海；同时，在广东的徐闻港，商人们先祭拜海神，随后扬帆出海。后来，人们将这些连接东西方的通道统称为"丝绸之路"。通过丝绸之路，中国的文明之风吹向世界各地。2000 多年后，习近平总书记提出"一带一路"倡议，即共建丝绸之路经济带和 21 世纪海上丝绸之路，旨在"借用古代丝绸之路的历史符号，高举和平发展的旗帜，积极发展与沿线国家的经济合作伙伴关系，共同打造政治互信、经济融合、文化包容的利益共同体、命运共同体和责任共同体"。

　　千百年来，中国秉持"和平合作，开放包容，互学互鉴，互利共赢"的理念，和丝绸之路沿线国家进行平等的经济、文化交流。比如：明朝航海家郑和率领当时世界最大的远洋船队先后七下西洋，航迹遍布亚非，除了带去精美的手工制品外，还将先进的中华文化远播海外。

　　古代丝绸之路不仅推动了沿线各国的经济发展，还将中华文化带到了异国他乡。欧洲各国的贵族曾将中国瓷器视为外交礼品，阿拉伯国家的工匠结合中国瓷器工艺制造出了波斯瓷器。日本掀起过一股"弘仁茶风"，贵族将模仿中国人品茶视为一种风尚。无数西方人前往中国，泉州就曾因"南海蕃舶"常到，出现了"市井十洲人"的盛况。

　　如今，丝绸之路上不再有载满货物的骆驼。取而代之的，是丝绸之路经济带纵横交错的铁路网，

以及21世纪海上丝绸之路上络绎不绝的集装箱货轮。古代丝绸之路的先行者早已作古，秉承先人精神的建设者们正在发挥自己的光和热。

"一带一路"倡议自提出后，就受到沿线国家的高度赞扬和支持。在经济全球化的今天，"一带一路"不仅赋予了古代丝绸之路新的内涵，还为沿线各国提供了新的机遇。

为了使人们更加深刻地理解丝路精神，我们组织相关学者共同编写了这套《一带一路百城记》。以优美的文字和水彩绘画结合的形式，艺术化地展现"一带一路"节点城市及所在国家和地区与丝绸之路相关的方方面面，包括丝路遗迹、风景名胜、文化历史、风俗习惯、物产资源等，形成对"一带一路"的完整展示，最终实现一部"唯美的一带一路静态影片"。

希望读者在阅读完这套书后，能够更深刻理解"一带一路"的意涵，对"一带一路"沿线城市有更多的感性认识，不再将其看作一个遥远的符号。

寻找加尔各答的魅力

印度作家奈保尔曾说:"暮色时分走进市中心,会以为闯入了伦敦城,那座烟雾弥漫、草木茏葱的梅登公园似曾相识,俨然英国海德公园的翻版再现。城市中心的胡格利河,不就是一条更加宽阔而混浊的泰晤士河吗?"奈保尔所说的城市,就是印度的第三大城市:加尔各答。

加尔各答位于印度东部恒河三角洲地区,是印度西孟加拉邦首府。在1772年到1911年的140年间,加尔各答是英属印度的首都。或许是为了缓解思乡之情,英国殖民者在此修建了很多欧式建筑:隽永的梅登公园,幽静庄严的圣保罗大教堂,宁静温和的维多利亚纪念馆……因此,当游客在加尔各答市中心闲逛时,会产生一种置身伦敦的错觉。但这并不意味着加尔各答就是"翻版伦敦",它有自己的特色。

去哪里寻找加尔各答的风情呢?搭乘一次公交车就可以了。加尔各答的公交车很少有停稳的时候,似乎永远处于一种"云霄飞车"的状态中,所幸它们都没有车门,所以人们只需直接冲刺。

公交车上都是最普通不过的加尔各答市民,有身穿纱丽的少女、头顶巨大货物的小贩、将身子探出半个车窗的孩子、带着鲜艳头巾的老者和衣衫褴褛的乞讨者。他们看上去都很忙,有的忙着保持平衡,不让自己被甩出窗外;有的忙着吃东西;还有很多人在看书。

是的，加尔各答人十分热爱书籍。一个衣衫褴褛的乞讨者，或许会用一个知名作家的名字为自己儿子命名。一个黝黑朴实的出租车司机，也能说出这几年最畅销的书籍。加尔各答书展是当地人每年一次的盛会，他们会带着无上的热情和期待，去书展以书会友。

在公交车行驶的过程中，乘客们都非常安静。而当公交车停下来时，他们好像变成了擅长轻功的武林高手，无论是瘦小的商贩，还是佝偻的老者，都飞快地跳下车，瞬间消失在人流当中。

他们的目的地是哪儿？不是繁华的公园街，或充满活力的艾登花园，而是低矮的竹棚屋，那里也是他们的家。他们之中的某些人，还要以不远处的垃圾堆为生。当然，并不是所有加尔各答人都过着这样的生活。每天下午，家境富裕的加尔各答人会寻一处视野极好的庭院，和三五好友一起喝下午茶。看见他们那副悠闲的模样，人们或许会以为来到了19世纪的伦敦。

对加尔各答的评价呈两极化，有人认为杂乱无章的交通、时不时出现的"苍蝇大军"和睡在街角的乞丐就是这座城市的代表，也有人认为泰戈尔、特蕾莎修女和拉曼才是加尔各答的灵魂。这座城市到底是什么模样的？还需要人们自己去感受、发现。

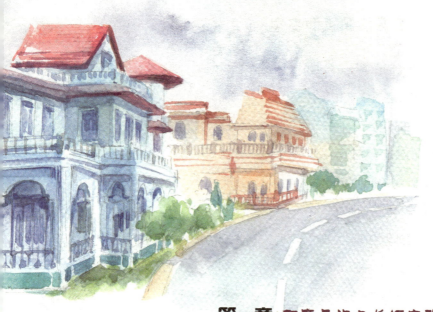

目录

第三章　感受加尔各答的闲适和安宁

第四章　探访宗教圣地

第五章 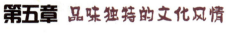 品味独特的文化风情

第六章 璀璨的繁星：加尔各答名人

第七章 不一样的风情：加尔各答特产

第八章 难以忘却的记忆：加尔各答美食

第一章
印度与海上丝绸之路

　　印度，这个南亚次大陆上最大的国家，早在1000多年前，就开始和中国进行文化和商贸交流了。而加尔各答，这座印度第三大城市，曾经是印度华人最大的聚集区。

　　如今，中国提出了"一带一路"倡议，其中包括建设孟中印缅经济走廊，而加尔各答将是经济走廊的重要组成部分。希望在不久的将来，我们可以看到，在"一带一路"的推动下，这座曾经被誉为"微缩版伦敦"的城市重焕生机。

由高僧法显开始的和平之路

中国与印度的交流由来已久。东晋时期，高僧法显从长安出发，途经古代陆上丝绸之路，最后来到天竺——古印度。他在恒河三角洲的多摩梨帝国（今印度泰姆鲁克）住了两年，用心抄录经书、描绘佛像。最后，他带着从古印度、斯里兰卡等国抄录的多部经书乘船从海上丝绸之路回到中国。

作为第一位到海外取经的高僧，法显不仅将佛教文化带回了中国，还将沿途见闻整理成《佛国记》。从此，中国人便认识了印度这个奇妙的国家。

而后便是人们熟悉的"唐僧取经"。唐贞观元年（627 年），玄奘法师从长安出发，途经乌兹别克斯坦、阿富汗、巴基斯坦，西行 5 万余里，抵达印度。

如今，人们来到印度比哈尔邦中部都会巴特那，依然能够看到一座方正、庄严的佛教学院：那烂陀大学。玄奘法师就曾在这里学习、教书。

据记载，当玄奘法师抵达那烂陀寺后，住持戒贤法师收他为亲传弟子，并传授他《瑜伽论》。玄奘法师在此学习佛法、梵文，学习速度竟然比当地人还快。后来因为成绩优异，玄奘法师被任命为那烂陀寺的副主讲，那烂陀寺还给他配备了"专车"——大象。

唐贞观十九年（645 年），玄奘法师回到长安，带回了 600 多部佛经。此后，他不仅翻译了很多佛教经典，还口述并由弟子辩机完成了《大唐西域记》，这部书成了现代学者研究印度佛教遗址的重要文献。

唐代著名高僧义净也曾到过印度。咸亨二年（671 年），义净从广州出发，取道海路，经室利弗逝（苏门答腊巴邻旁）到达印度。他一一拜访了鹫峰、鸡足山、鹿野苑、祇园精舍等佛教圣迹后，在那烂陀寺向著名僧人宝师子和智月等学习经典，研

究瑜伽、中观、因明、俱舍论等，并进行佛教经典的翻译，同时考察了印度佛教教规和社会习俗，前后历时十一年。

695 年，义净携带梵本经论约四百部、舍利三百粒回国，受到武则天的礼遇，她不仅派使者前去迎接，在义净到达洛阳时，甚至亲自率众人到洛阳上东门外迎接。

义净除了翻译大量佛教经典外，还著有《大唐西域求法高僧传》《南海寄归内法传》，前者主要介绍 57 位僧人到南海诸国和印度游历求法的事迹。后者则介绍了印度传统的医学——"八医"，并指出"西方药味与东夏不同，互有互无，事非一概"。而且还详细描写了印度进药的方法，其中提到印度人患病时常用少食的方法来治疗，这颇具科学性。书中还有关于印度人的卫生习惯，如沐浴、食前洗手、散步等的介绍，是了解古印度的珍贵资料。

或许是被这三位大师的事迹所鼓舞，越来越多的中国人前往印度。在这些西行者中，除了一心求法的僧侣们，还能看到商人们的身影。

商人们大多从四川出发，翻越崇山峻岭，来到云南。然后取道缅甸，最后抵达印度东北部。因此，这些商人最熟悉的城市是如今已经成为印度第三大城市的加尔各答。

如今，我们依然能够想象，那些志在远方的商人们，克服重重困难，来到这座城市的情景。他们带着最受印度人欢迎的珍宝——瓷器、丝绸和茶叶，来交换加尔各答的特产——黄麻和香料。

有的商人爱上了这片土地，迷上辛辣的咖喱和身穿纱丽的印度美人。于是，他们决定在此定居，繁衍后代。在很长的一段时间里，加尔各答都是印度华人最大的聚集区。

如今，来到加尔各答东部的塔霸村，人们依然能够发现一个巨大的牌子，上面写着"中国城"。在这座印度唯一的中国城中，随处可见的中国字，以及飘扬在空气中的川菜味，都在讲述着往日的故事。

被达奚司空带到中国的波罗树

当人们来到古代海上丝绸之路发祥地之一，坐落于广州黄埔区庙头村的南海神庙中时，可能会觉得有些奇怪，因为这里供奉着一尊皮肤较黑、一看就不是中国人的神像。当地人在这尊神像前跪拜，念念有词，看上去极其虔诚。当地人为什么要供奉这样一尊高鼻深目的神像？其实，这来源于海上丝绸之路上的一个故事。

相传唐朝时，一位天竺（印度）属国波罗国使者来华朝贡，回程时经过广州来到南海神庙，被庙中精微的装饰吸引，久久不愿离去。为了表示对南海神庙的喜爱，他亲自将从故乡带来的两颗波罗树种子种在庙中。后来他因故误了归期，终老于广州。当地人认为他是来自远方的友好使者，将其厚葬，并按照他生前举着左手眺望海洋的模样塑像，立于南海神庙中，封为达奚司空。

　　后来波罗树越长越高，浓荫如盖。来到南海神庙的人，没有不被波罗树吸引的。当地人索性把南海神庙称为"波罗庙"，把南海神诞称为"波罗诞"。广州民间甚至还有这样一句俗语："第一游波罗，第二娶老婆"。

　　历代有不少人考证过达奚司空的身份，有的人说他是商人，有的人说他是冒险者。其实无论他为何而来，这个故事已充分反映了中印友好往来频繁的史实。古时，官员们到南海神庙举行祭典，商人们出海前去南海神庙祭拜海神时，都要经过那两棵巨大的波罗树。天生就带有印度风情，身上却挂着红丝带的波罗树如同文明的使者，不仅引导中国人向西方航行，还在向故乡的朋友诉说海上丝绸之路的故事。

加尔各答与“一带一路”倡议

来 到加尔各答之后，人们不难发现，虽然这座城市也有充满活力的新城近郊、历经岁月却依然美丽的殖民时代建筑，但是那随处可见的乞丐，以及城市中心的贫民区，却在向人们宣告这座城市的没落。

加尔各答地处印度东北地区，该地区交通极其不便，与其他经济发达地区联系甚少。虽然政府采取了一些措施，但是时至今日，东北地区依然是印度最落后的地区之一。

如今，中国提出“一带一路”倡议，其中包括建设孟中印缅经济走廊。而印度东部地区，尤其是加尔各答市，将是经济走廊的重要组成部分。

我们期待，在“一带一路”的推动下，这座古老的城市能够再次焕发出生机。

印度东部最大的港口
——加尔各答港

烈日下，包着白色头巾的工人在紧张地工作着，五颜六色的集装箱整齐地排列于港口中。不远处，几艘巨轮整装待发，海风将人们的疲惫和困倦一扫而空。这里就是加尔各答港。

作为一个距海约 203 千米的城市，加尔各答从未放弃过对海洋的向往。因为它不仅拥有距市中心约 50 千米的霍尔迪亚港，还拥有一座沿河而建、被誉为印度东部最大港口的加尔各答港。

加尔各答港拥有极佳的地理位置。从远方抵达至加尔各答港的货物，可以通过铁路、公路，被运送至遥远的南方和西部地区。而从印度其他地区运送至加尔各答港的货物，能够轻松抵达邻国孟加拉国、尼泊尔，以及中国西藏地区。

港口的工人们最喜欢站在海边，感受从远方吹来的海风。在他们眼中闪烁的，不仅仅是海天一色的美景，还有对远方的向往。

"昆明周"登陆印度，展现云南风情

2013 年，昆明和加尔各答结成友好城市，这也是中印第一批友好城市。随着"一带一路"的推进，中印之间的交流越来越多。2015 年 11 月，"昆明周"登陆印度，加尔各答人感受到了独特的云南风情：那摆放着普洱茶的展示台前，聚集了一大帮年轻的印度人。虽然他们看上去有些焦灼——也不怪他们，谁能抵挡住这淡淡的茶香呢——但是他们还是耐着性子听完了工作人员的介绍。向工作人员致谢后，他们小心翼翼地品尝起普洱茶来。

普洱茶入口微苦，这和他们平时喝的奶茶大不一样，将甜食当做零食的他们几乎要放弃这种茶了。但是没过多久，他们的嘴里便弥漫起淡淡的回甘。这种甘甜，不似少女偶像脸上的笑容，更像山林少女漫不经心的一抹微笑，是洁净的、天真的，却又能沁人心脾。

正当加尔各答人认为云南风情是清爽的、天真的时，不远处的鲜花饼又改变了他们的看法。玫瑰饼如同坐在重重纱幔后的美人，你可能会忽视她——那淡黄色的饼皮看上去没有任何特点，但是你只要走近她，就会被她那娇媚的面容慑服——咬上一口，玫瑰的香气便在你嘴中弥漫开来，这种甜蜜如同情人的吻。

年轻的姑娘更喜欢身穿云南少数民族服饰的模特。那用金色、紫色丝线绣出来的花纹，以及精美的头饰，都让她们倾倒。她们走上前和模特合影。一阵风吹来，扬起了她们身上的纱丽。太阳透过玻璃窗洒了进来，一时间，旁人甚至都不敢出声，生怕破坏了这如画一般美好的场景。

第二章

遥远的呼唤，
加尔各答的名胜古迹

人们在看到加尔各答城中的垃圾、乞丐时，常常会忘记，这是一座历史悠久、文化厚重的城市。只有在无意间闯入大理石宫或维多利亚纪念馆时，他们才能看到加尔各答的另一面——被誉为"微缩版伦敦"时繁华的一面。

　　这个城市到底有多少面呢？不要着急，让我们一起走进加尔各答的名胜古迹，倾听那遥远的呼唤。

可媲美泰姬陵的维多利亚纪念馆

或许，在参观维多利亚纪念馆之前，你就听人提到过：这是一座可以媲美泰姬陵的建筑。并不是加尔各答人对自己故乡的建筑有种"情人眼里出西施"的心情，当你看到这座比例堪称完美的白色大理石建筑时，便能体会加尔各答人的意思。

无论是巨大的白色穹顶，还是四周精致的圆形拱门，都让它显得温柔亲切。但是那些整齐的罗马石柱、雕刻精巧的浮雕，以及纪念馆前巨大的水池，又让它有一种难以言喻的气势。

毫无疑问，它是美丽的，像那名声在外的美人。当你走近它时，你会被它没有任何瑕疵的五官吸引住。更别说它还有如玉般光滑洁白的肌肤，以及窈窕婀娜的身姿；即使你从未和它说过话，甚至不知道它姓甚名谁，只是远远地望过它一眼，或是在梅登公园游玩时瞥见过它洁白的穹顶，你也很难不爱上它。它好像不属于这个随处可见岁月斑驳的城市。

　　它的身上有一种神奇的魔力，像那蒙上了洁白的面纱，只留两只灵动的大眼睛无辜地望着世人的姑娘，引得人们情不自禁地走近它。即使你早就在各种旅游手册上看过它的介绍，即使你明白这是一个人声鼎沸，甚至有点喧闹的景点。

　　维多利亚纪念馆永远都不会缺少游客，人们躲在树荫下，焦急地瞭望着检票口，仿佛以为自己多看两眼，就能够变幻出一个工作人员似的。检票口的工作人员还是那副不紧不慢的模样，他们似乎被这座建筑宁静温和的气氛所感染，即使游客气恼地看着他们，他们也丝毫不在意。

似乎是为了和这座洁白无瑕的纪念馆相称，女孩穿上了最美丽的纱丽。风一来，纱丽就像蝴蝶一样飞舞起来，红的、紫的、蓝的，让人目不转睛。

　　可是女孩还是无法和伊丽莎白女王比美。纪念馆中到处都是女王的画像、雕塑，从年轻至年老。虽说这些画像和雕塑都有美化的成分，但是人们都被艺术家创作的那种迷人的美吸引住了，流连忘返，久久不愿离去。

　　纪念馆中满是好奇的印度人。从印度人兴奋、疑惑、迷茫的脸上，我们无法得知他们在参观这座纪念殖民地女王的建筑时，是否怀着复杂的心情。但是毫无疑问，这座矗立于此近乎完美的纪念堂，已经成了加尔各答人，甚至印度人的骄傲。

小贴士

开放时间：周二至周六10：00—17：00，关门半小时前停止售票。

印度历史最悠久的高级法院

加尔各答高等法院是印度历史最悠久的高级法院，它建于 1862 年，仿照的是比利时的伊普尔布馆。

还没有靠近加尔各答高等法院，你便能感受到它的气势。红色的墙面、白色的石柱，以及楼顶的小城堡似的设计，都让它在凌乱的、破败的民居中脱颖而出。

它掩映在绿树中，只露出美丽又曼妙的一角，给人一种神秘又唯美的感觉，让人们情不自禁地走近它，探索它的历史和隐藏在这些圆形拱门背后的故事。

然而，当人们真的走近它时又开始失望。那被绿树遮挡住的铁栏杆已经生锈，上面挂满了衣服。而这些衣服的主人，就是那群靠在红色墙壁上发呆的流浪汉们。

就连那如童话般的墙壁也开始剥落，上面出现了岁月的痕迹。人们不愿意在此停留。这不仅仅是因为那些衣衫褴褛的乞丐，还因为不远处的垃圾散发出来的恶臭味。

这的确是一座能引发人们无限想象的建筑，但是它也只能停留在人们想象中而已。

自由的灵魂——杰都加尔印度博物馆

乔林基街旁矗立着一栋白色的、呈"口"字形的建筑，这就是杰都加尔印度博物馆。虽然有"印度最大博物馆"的名号，但是它的规模并不大。若是你漫无目的地在这栋建筑中散步的话，大概不到半个小时就可以逛完。

它的外表也不算迷人。诚然，你会爱上它那有种对称美的建筑风格，但似乎这就是它全部的魅力。或许你还会抱怨，作为一座艺术殿堂，它看上去太过严肃——要是没人提醒，你还会以为它是一座市政厅呢。

但是，当你走近之后，便能感受到它那自由的灵魂。

在这座拥有 200 多年历史的博物馆中，你能看到从印度的古文明时代到回教时代的艺术品。即使你看不懂展示板上的文字，也能够从这些精美的艺术品中发现流转的时光。

更重要的是，这些艺术品没有被关在展示柜中，它们就这样直挺挺地出现在你面前。

即使是具有 2000 多年历史的卧佛像，也都直接立在展厅正中心。在这里，别说玻璃展示柜，甚至都看不到将游客和艺术品分开的警戒线。游客可以站在卧佛像前，仔细地欣赏这座历经岁月沧桑的艺术品，甚至可以清楚地看到卧佛像小拇指上的裂痕。

杰都加尔印度博物馆到处都是这样的展品。你可以自由地穿梭在这些古老的展品中，寻找展品背后的故事。

因而，杰都加尔印度博物馆虽然不大，但是总要花上人们大半天的时间，因为一座神像就能幻化出无数个故事。

小贴士

开放时间：周二至周六 10：00—16：00，关门半小时前停止售票。

宁静、典雅的宫殿
——大理石宫

大理石宫是一座宁静、典雅的宫殿。虽然它矗立在车水马龙的街头，但是你依然能够感受它身上那种静逸和安详的气质。

当你第一眼看到大理石宫时，可能会认为它是一座博物馆或市政厅。这当然不仅仅是因为它的规模，或那些巨大的罗马石柱，还因为它豪华、精致的装修风格。即使只站在庭院中，欣赏雕刻精致的喷水池和修剪得整整齐齐的草丛，你也能感受到它的气势。

走进大理石宫后，这种感觉就更加强烈了。一系列维多利亚女王的雕像、晶莹的威尼斯水晶灯、光滑的意大利云石地板，以及熠熠生辉的镀金墙面，都在向人们展示它的奢华。

站在这座宫殿中，甚至会让人忘记这曾经只是一座私人宅院。即使它如今变成了一座博物馆，带上了些许老学究的气质，人们也能轻易地想象出：100多年前，打扮精致的贵族在此跳舞、玩乐的情景。

东印度公司的大本营
——威廉堡

帕吉勒提河边矗立着一座八角形的古堡，这就是英国东印度公司在加尔各答建造的要塞——威廉堡。

威廉堡因英国"光荣革命"期间从荷兰迎来的国王威廉三世而得名。对英国殖民者来说，这座堡垒是他们的守护神。威廉堡内筑有工事，在城堡中驻守的士兵则负责保护英国商馆。

然而对加尔各答人来说，这座堡垒算得上是"恶魔"。为了修建威廉堡，英国军队将附近的村庄夷为平地。而后为了满足不断扩张的野心，威廉堡继续扩大自己的地盘。有多少加尔各答人因此失去家园？英国殖民者从未统计过。到了18世纪下半叶，这里成了东印度公司的大本营，也是总督府的所在地。

我们不知道，当加尔各答人走在满目苍翠的威廉堡中，他们是否还怨恨那些曾经生活在此的英国殖民者。只有鸟儿没心没肺，站在枝头无忧无虑地吟诵往日的故事。

第三章

感受加尔各答的闲适和安宁

　　来过加尔各答的人，或许会对那些露宿街头的人、眼中没有一丝光彩的乞丐印象深刻。的确，贫穷和破败几乎已经成了这座城市的代名词。

　　然而，作为英属印度的前首都，这里也有美丽的殖民时代建筑、繁华的公园街、隽永的梅登公园，以及充满活力的艾登花园。每天下午，家庭富裕的加尔各答人，会寻一处视野极好的庭院，和三五好友一起喝下午茶。

　　或许，这就是加尔各答的魅力：贫穷和富有共存，艰辛和闲适同在。

加尔各答最繁华的街道
——公园街

公园街是加尔各答最繁华的一条街道。

虽然来到加尔各答后，你会发现这座城市从未刻意遮掩过自己的贫穷和破败——你能遇见成群的乞丐，也能碰见露宿街头的一家三口。但是来到公园街后，你又会发现这座城市的另一番面貌——属于中产阶级和普通市民的生活。

公园街正对公园，站在这条街道上，那郁郁葱葱的树木、随风摇曳的红花，以及飞来飞去的蝴蝶就这样自然地出现在你眼前。大树有点调皮，它将自己的枝叶伸了出来，盖住了一半的天空，害得鸟儿只能飞到对面的房顶上晒太阳。

黄色的出租车从大树下驶过，在前面的路口停下，两三个妆容精致的年轻人从车上走下来。他们的眼中满是光彩，好似在因接下来的节目而兴奋。他们并不是奔着葱茏的公园来的，他们的目标是公园街上装修精致的商店。

公园街是个购物的好地方，不仅仅是当地人，很多游客都选择在此购买伴手礼———一两件绚丽的纱丽，或一大包香气扑鼻的印度茶叶。

公园街很长，提着大包小包走完这条街是件辛苦事。很多人选择在大树底下停留，乘凉休息。印度的小贩们很聪明，他们在大树底下支了一个小摊子，放上几张塑料凳，再熬上一锅绿豆汤，他们的生意便开张了。小贩们不需要吆喝，因为诱人的绿豆汤香气和斑驳的树影，就能让他们赚个盆满钵满。

大树不远处有一个水果摊，一个头发花白的老人蹲在地上卖香蕉和橘子。大概因为人们都被绿豆汤填饱了肚子，所以老人的生意不怎么好。只有一个背着书包的孩子眼巴巴地望着水果。老人和孩子大眼瞪小眼，似乎在较量什么。最后孩子落败，他在书包中翻了老半天，

才翻出几卢比。虽然他好像有些不甘心，但是在接水果的时候，还是情不自禁地咽了一口口水。

很快，太阳就落山了。挂在欧式建筑上的小彩灯被点亮，淡黄色的灯光将一切都变得朦胧。欧式建筑上斑驳岁月的痕迹被藏了起来，如同不幸烧伤的美人又得到了光滑透亮的皮肤一样，人们可以尽赏这种难以言说的美。

黄色的出租车上走下来一对情侣，他们是来这里约会的。其实，与其说是约会，不如说是吃饭。当彩灯被点亮，公园街就弥漫起一股咖喱的香气。对加尔各答人来说，这种香味再正常不过，但是有了执手相望的情侣，以及五彩的灯光，这一丝香味似乎也变得浪漫了。

年逾古稀的加尔各答牛津书店

在公园街闲逛时，人们会不自觉地注意到一家书店：牛津书店。这并不仅仅是因为牛津书店足够美貌——门前的绿树为行人带来了一片阴凉，阳光透过树叶在书店大门上留下了斑驳的影子；门口的红花随风摇曳，似乎在呼唤不远处的蝴蝶；还因为门外挂着一块雕刻精致的牌子，上面写着：受命于前印度总督蒙巴顿爵士。

这是一家年逾古稀的书店，已经经历过多年的风雨。大概因为是一位"老绅士"，所以它的行事风格也颇为老派。在这里，你是听不到最近最受欢迎的流行音乐的，也找不到畅销书籍。就连最受欢迎的店员——Motwani 先生，也都已经在这里工作了 60 多年。

不过，这家书店也有自己的魅力所在。在这里，你丝毫不用担心找不到心仪的书籍，即使你寻找的是那些年龄比这家书店还大、已经停止出版的书籍。

当然，最让人难忘的，还是和 Motwani 先生一起，一边品尝芬芳的大吉岭茶，一边讨论时下最畅销的作家。

营造一个梦幻的世界
——梅登公园

1758 年，英国殖民者在加尔各答建造了一座威廉堡。为了建造这座沃邦式的城堡，英国殖民者将附近的一座乡村夷为平地。尽管当时的加尔各答人十分憎恨这座城堡，但是这也为他们带来了梅登公园——一个长约 3 千米的公园。

如今，梅登公园在加尔各答人的生活中扮演着极其重要的位置。甚至有人说，梅登公园之于加尔各答，如同中央公园之于纽约。

虽然梅登公园位于市中心，而且附近全是人声鼎沸的景点，如维多利亚纪念馆、圣保罗大教堂等，但是一走进这座公园，你会有一种来到郊区的感觉。

我所指的郊区，并不是尘土飞扬、垃圾遍地的郊区，而是草坪、树木都被修剪得整整齐齐，用以休闲度假的郊区。

梅登公园有一块巨大的草坪，虽然没有被修剪成相同的高度，但是这里没有杂草，看得出有人在定期整理。人们可以躺在草坪上，望着浮动的白云发呆。有的人带着便当来这里，那时整个公园都弥漫着一股咖喱味，惹得其他人偷偷咽口水。

也有人在这里学习骑自行车。这里的草看上去很柔软，因而那些胆小的孩子也敢跳上自行车练习。更重要的是，在骑自行车的时候，人们还能欣赏远处的风景：虽然人们无法一览维多利亚纪念馆的全貌，但是那精致的白色塔顶却能够引发人无限的想象；那隐藏在树林间的小木屋，像未知的梦一样，不知挑动了多少男孩的心。

还有人在这里放风筝。那些画着各种图案的、具有印度风情的风筝，似乎特别喜欢梅登公园。孩子们只稍微跑上几步，风筝就如骑上了飞马一样往天上飞去。风筝越飞越高，好像想站在云端俯瞰这座公园。孩子们发现了这个秘密，因而在天气好的时候，梅登公园的上空便满是风筝。或许是放风筝太容易，所以孩子们又想出了一种新游戏。他们先将风筝放上天，然后松掉线，等它自己落下来。这有点随缘的意味，如果风筝飘飘荡荡随风儿飞远了，孩子们也只会遗憾地叹口气。不过这个游戏只能在人少的时候玩，因为风筝虽小，但是也可能变成"凶器"。

加尔各答人都喜欢在梅登公园待着。在这里，人们完全看不到乞丐、垃圾，甚至不会提起彼此的种姓。这座英国人留下来的公园，好似将人们带进了一个梦幻的世界中，为人们呈现了一个不一样的田园世界。

印度作家奈保尔曾说："暮色时分走进市中心，会以为闯入了伦敦城，那座烟雾弥漫、草木茏葱的梅登公园似曾相识，俨然英国海德公园的翻版再现。"或许，这就是加尔各答人如此喜欢梅登公园的原因。

充满力量感的建筑
——艾登花园

这个巨大的、圆形的建筑物，全称"艾登花园体育城"，是一座主要用于板球训练和比赛的体育场。虽然它的名字很浪漫，听上去像个羞涩的姑娘，但是当你真正认识它之后，你会发现它其实是一个魁梧的肌肉男。

艾登花园十分高大，而且离梅登公园不远，因而你在梅登公园中踩单车、放风筝时，它会时不时出来刷一下"存在感"。在你准备靠近它时，也许会不自觉地感叹一声："这个体育场，我是见过的。"

如此看来，艾登花园是个不折不扣的"心机男"。其实，这也不能怪它。因为印度人对板球有无限的热爱，所以将这座体育场建得如钢铁侠一般充满力量感和现代化。而那些看厌了破旧的欧式建筑的游客，又怎么能忘记它呢？

成为当地人野餐聚集地的动物园

英国殖民者到底给加尔各答人留下了多少东西？在回答这个问题时，你也许会提到那些历经岁月却依然动人的欧式建筑，或是加尔各答中产阶级最爱的英式下午茶。但是，你是否知道加尔各答动物园也是英国人的杰作？

这座位于加尔各答南部的动物园建于 1875 年，意在纪念爱德华七世访问印度。然而，如今的加尔各答人已经无法想象，英国殖民者结伴来此欣赏野兽的情景。因为这座英国殖民者留下的遗物，已经成了当地人最佳的休闲娱乐场所。

虽然高大的长颈鹿、气势汹汹的白虎、不太合作的孔雀都让人印象深刻，但是当地人并不是冲着它们来的。他们的目标是那些在风中摇晃枝叶的树木。

　　加尔各答动物园中到处都是热带树木，这或许是建造者为了让人们有一种身临其境之感。但是聪明的加尔各答人很快就发现，与其将其当做一个冒险之地，不如当做一个野餐地。

　　每到休息日时，当地人会提着自己做的饭，或在家门口买的面包，来到这座动物园。他们进动物园的第一件事，不是去白虎馆或大象馆，而是冲向视野最好、枝叶最广的大树。当然，也有闹着要看动物的孩子，但是家长可分得清事情的轻重缓急，提着孩子就开始百米冲刺。

　　家长的选择是正确的。听哗哗的树叶声，间或夹杂着狮子、老虎的叫声，人们不由得生出一种身处原始丛林的错觉。连最强壮的男人，都会紧张地缩缩脖子。只有草地上的小黄花和孩子没有表现出害怕。小黄花早已习惯了人类这种大惊小怪的模样；而孩子，正盯着父母手中的便当，偷偷咽口水呢。

开放时间：周五至周三 9：00—17：00。

展现城市繁华和破败的乔林基街

乔林基街，这条直通南北的街道像一架放映机一样，将加尔各答的繁华和破败诚实地展现在人们面前。

这是一条处处可见欧洲风情的街道：有拥有白色圆顶的大饭店，如果不是那股甜辣的咖喱味，你也许会认为这是欧洲人的市政厅；而矗立于街角，那栋呈"口"字形的建筑，像不像某一个公爵的府邸？若不是具有印度风情的黄色出租车驶过，你还会以为自己身处欧洲呢。

站在这些建筑前，你很容易就能想象出英国殖民者乘着车从这条街道上驶过，装扮精致的淑女和绅士在这里吃饭、看电影的情景。那时被称为"第二个伦敦"的加尔各答繁华热闹。而这些白色的欧式建筑上还没有岁月的斑驳。

如今，这些建筑美丽依旧，街道旁边的大饭店、工艺品店依然人头攒动。但是入夜后，这些历经岁月的建筑的房檐下，蜷缩着一个又一个乞丐，那是最真实的加尔各答。

拥有一副浪漫外表的作家大厦

这栋掩映在绿树中的红色城堡形建筑，有一个文艺的名字——作家大厦。有些游客以为它有一个浪漫的过去。这不仅仅是因为它的名字，还因为它的外形——红色的墙体和白色的半圆形建筑——让它看上去像一个剧院。

如果有人说，曾经有一位性格古怪，但是演技精湛的女演员曾经住在这里，并且上演了一出悲剧性的爱情故事，可能你也不会感到奇怪。因为这座建筑好似一位有表演天赋的美人，所以每一个路过的人都要说："你一定会成为屏幕上最璀璨的星光。"

然而，让所有人大吃一惊的是，这位美人并不想走进屏幕中，她更喜欢平凡自然的生活。她或许成了一个商人、一个会计，甚至一个科学家。总之，她离人们的想象很远。

作家大厦也是如此。虽然它生得浪漫，但是它做的事情却很严谨——这里是加尔各答警察局。之所以叫它"作家大厦"，只因为这里曾经是英国东印度公司文职人员的办公室而已。

你也不要急着叹气，来到这里，与这栋能够引发人们无限遐想的建筑物合影，也很不错。

印度最大的天文馆
——比尔拉天文馆

比尔拉天文馆是一栋掩映在绿树红花之中的米白色建筑，它是印度最著名的天文馆。虽然这座天文馆号称印度最大、世界第二大天文馆，但是从外观来看，除了那两个巨大的罗马石柱还有点气势之外，其他的地方都让人觉得未免过于含蓄。

它有点像一个世外高人，看上去极为普通——身材、相貌普通，穿着破旧的衣服，拿着一把没有任何装饰的剑，平常也没有英雄救美的习惯。然而，在发生紧急情况时，它成了所有人的希望，那看似破烂的剑，如同一道光，照亮了所有人。

你或许会质疑我的说法，因为比尔拉天文馆那平凡无奇的白色墙体，就像大侠身上的破烂衣服，让你不由得质疑它的实力。

34

　　然而，一走进天文馆你就能感受到它的实力。一进门，映入眼帘的是宽敞的大厅，明亮的大理石地板、淡黄色的灯光，一下子抓住了你的心。虽然这里还不是天文馆的核心部位，但是依然能够发现这座天文馆的奇妙，大厅中整齐地陈列着从古至今的天文观测仪，每一个仪器前都有详细的介绍，这些介绍就像高考前的老师，恨不得将所有的知识都装进你的大脑中。

　　再往里走，便是天文影院。等等，在走进影院之前，要先对暗号。看到墙上那一扇扇门了吗？需要选择一扇打开。不要急着做决定，再好好观察一下这几扇门，它们身上贴着属于你的暗号：英语地区、印地语区、乌尔都语区。

　　找到属于你的那扇门后，便能自在地感受宇宙的奇妙了。坐在影院中，抬头仰望，原本白色的圆形穹顶会慢慢变成灿烂的星空。一个沙哑的声音随之出现：这里是银河系……从古至今，画面随着老人的声音变换，你好似身处太空，在进行一场时空旅行。似乎一伸出手，就能触摸到如钻石般璀璨的星星。

在植物园中寻找最古老的榕树

这座植物园是东印度公司为收集亚洲植物而建立的。1787 年，英国殖民政府陆军上校罗伯特·凯迪创建了这座植物园。1890 年，由英国男爵乔治·金规划，此地成立了印度植物研究院，占地约 110 公顷。

英国人为让植物在这个园区内生存下来采取了很多措施。他们将植物园分为 25 个区域，每一个区域的植物种类都不同。他们还将园区内的人工湖连至恒河，通过恒河的水位来调节园区中的水位，以营造一个自然、原生态的植物园。此外，他们还将近 12 000 种濒危树种移植于此，让这座植物园的植物种类更加丰富。

他们成功了。如今，虽然英国殖民者早就离开了印度，但是这座有上百年历史的植物园已经成了加尔各答的代表。每当旅行者向当地人打听休闲度假好去处时，加尔各答人都会骄傲地回答："去加尔各答植物园，那里的美景会让你移不开眼睛。"

　　加尔各答人并没有说谎。一入园，你就会被植物园的美景俘获。笔直的大树像最忠诚的卫士，站在道路两旁欢迎你。微风送来阵阵清香，那是睡莲的香气。婀娜的睡莲浮在水上，像不知世事烦忧的少女，自在地摇来摇去。蜻蜓从远处飞来，悄悄地停在睡莲上，像迷恋少女却笨拙木讷的少年。

　　池塘边，苔藓悄悄爬上了长椅。游客嫌弃长椅太过湿冷，都不愿意坐下。听到消息的蝴蝶立刻飞来，为自己的老朋友助威。它挥动翅膀，撒下花粉，像是抖落了一地的星辰。

　　这还不是加尔各答植物园的全部。再往里面走一走，就能看到"森林"，那是世界上最大的榕树——占地约 1.4 万平方米，直径达 411 米。有人说，如果什么也不种，只种这一棵榕树，这里也算一个小型的植物园。

　　的确如此，这棵有约 36 000 个气根的榕树，看上去不像单独的一棵树，反倒像树丛。游客走近这棵榕树时，就像走进了一个繁华又难以捉摸的梦。那些曲折的枝干向上延伸，不知通向何处，因为蔽日的树冠为枝干披上了一件隐身衣。或许，繁茂枝叶背后，隐藏着一只小松鼠，但是你永远都不会知道。

　　这棵榕树像最智慧的老人，它见证过这个城市的兴衰，庇护过这座植物园中的生灵。而当满眼好奇的游客来到它面前时，它又不厌其烦地向人们讲述往日的故事。

　　即使你步履匆匆，也不妨在这里多停留几分钟，感受风中蕴藏的自然与平静。

印度唯一的唐人街
——塔霸中国城

火红的灯笼挂在红色大门前，门上贴着歪歪斜斜的对联，上面写着"欢天喜地度佳节，张灯结彩迎新春"。

大门正对面是一个有些破旧的餐馆，虽然窗户上的"福"字已经褪色，餐馆前门的绿植也有枯萎的迹象，但是里面仍然人头攒动。站在窗外，人们依稀能看到食客的笑脸。窗外的人不需要费心猜测这家餐馆的代表菜肴，因为那发黄的招牌已经说出了答案："正宗湘菜馆"。

这里就是塔霸中国城。

塔霸是加尔各答东部的一个小镇，而在这个小镇中，就有印度唯一的唐人街——塔霸中国城。

一走进这里，你就能够感受到浓郁的中国风情。不远处的中式牌楼高大精致，如果不是旁边立着一块写着"中国城"的牌子，你还会以为自己身处某个江南小镇呢。再往里走，数不清的中国餐馆在向你招手。那浓郁的辣椒味会让你回忆起在重庆吃火锅时的情景，而不远处传来的包子香气又让你怀念起庆丰包子的美味来。

　　一块立着"培梅中学"牌子的建筑物出现在街角，这是当时迁居此地的客家人为了培养下一代而建造的。如今，人们依然能够想象出，孩子在此学习中华文化，练习中文字的情景。虽然培梅中学已经关门，但是当地人并没有将这栋建筑物废弃，而是时不时来修缮它。或许，在不久的将来，这座培养了无数华人小孩的学校将重焕生机。

　　然而，令很多游客遗憾的是，虽然这里号称"中国城"，但是住在这里的大多是印度人。即使能够遇到一两个华人，游客也只能用英语和他们对话。或许，只能通过这些老旧的中式楼房和中国特色的餐厅，游客才能猜出华人在此发生的故事吧。

泰戈尔建造的乌托邦
——印度国际大学

加尔各答不远处的圣迪尼克坦小镇有点荒凉，那条尘土飞扬的马路以及低矮破旧的平房，都在提醒人们：这是个经济不发达的地方。但是这座小镇的名字很好听：圣迪尼克坦，意为和平。更重要的是，这里有一所承载了诗人泰戈尔爱与梦的学府：印度国际大学。

在 20 世纪初，圣迪尼克坦小镇原本是一块荒地，属于泰戈尔的父亲。彼时的泰戈尔，虽然还没有获得诺贝尔文学奖，但是在印度文坛已经很有名气。虽然人们想不通泰戈尔为什么不住在车水马龙的加尔各答，非要跑到这穷乡僻壤写诗，但是为了拜访他，数不清的文人坐着马车，从全国各地赶到这里。

泰戈尔很清楚别人心中所想，同时也明白人们无法体会到他的快乐。此地远离市区，虽然交通有点不方便，但是有郁郁葱葱的大树和可爱的恒河猴和自己做伴，又有什么可抱怨的呢？更重要的是，在这里他能够和下层劳动人民交流，不用理会令人窒息的种姓制度，看清这个社会。

在这里，泰戈尔写出了著名的诗集《吉檀迦利》，这使得他成了第一位获得诺贝尔文学奖的亚洲人。

在拿到诺贝尔奖奖金后，这位伟大的诗人想：虽然我获得了很多，但是这个国家、这个社会，以及我身边的人，能够获得什么呢？痛惜于印度民族文化的没落，泰戈尔创立了这所学校。

创立学校并不是一件容易事，即使泰戈尔在文坛有举足轻重的地位，即使他在这所学校中投入了 1 万英镑，后续的资金、老师，都是个问题。但是泰戈尔却有自己的解决方法。

他想，既然学校中有这么多树，不如让学生来树下上课，一来可以解决教室紧张的问题，二来可以让学生更好地接触大自然。于是，老师带着学生来到郁郁葱葱的大树下，将黑板挂在树上，开始讲课。学生则盘腿坐在草地上，比在教室上课还要认真。

没有钱请人打扫怎么办？学生自己动手。他们不仅要打扫教室，还要植树种菜，甚至要参与搭建校舍。没有人对这些安排提出异议。因为在这个学校里，他们不仅学习了大量的知识、武装了自己的大脑，还锻炼了自己的身体、掌握了生活技能。更重要的是，在这所学校中下等人和上等人一样，都能接受教育，得到尊重。

这是泰戈尔建造的乌托邦。虽然泰戈尔已经去世多年，但是这所位于圣迪尼克坦小镇的大学，依然是学子心中的梦想学府。

当地人了解世界的窗口
——海鸥书屋

这座书屋是加尔各答人了解世界的窗口。

1982 年，Naveen Kishore 将一家剧院改建成了出版社，将其命名为：海鸥书屋。

有人说，创建者之所以要取这个名字，或许是希望这座书屋能够像海鸥一样，自在地翱翔于天地，接收风儿带来的属于海洋另一边的消息。

的确如此。在海鸥书屋，你能够看到整个世界。因为这个出版社经常收购国外文学的翻译权，所以在这座书屋中，人们可以欣赏到来自许多国家知名作者的代表作。

因此，虽然海鸥书屋看上去有点朴素，这里除了书架和书籍，就只有棕色的木质桌椅和几盆绿植而已，但是，这里永远不会缺少读者。人们站在书架前，看得津津有味，好像已经去到了海洋的另一边。或许，当你在这里游览时还能发现莫言的作品呢。

烟雾弥漫的孙德尔本斯国家公园

这 片烟雾弥漫，绿树蔽日的地区，就是孙德尔本斯国家公园。

孙德尔本斯，意为"美丽的森林"。从高空俯瞰，孙德尔本斯公园如同一个巨大的绿色伞盖，绵延十几千米的参天大树，为这片地区布下了一个朦胧的结界；在近处欣赏，那错落有致的红树林，像婀娜的舞者，为闯入者带来一场视觉盛宴。

这是世界上最大的三角洲综合体，覆盖面积达上万平方千米，由印度和孟加拉国共享。

不过，要是询问那些隐藏在红树林中的孟加拉虎的话，你可能会得到不一样的答案。作为孙德尔本斯国家公园数量最多的居民，孟加拉虎是这里绝对的霸主。野猪、梅花鹿、恒河猴，以及水中霸主鳄鱼，见了它都要绕着走。

　　人是喜欢冒险的动物。他们乘坐小船，深入松软的湿地中心，只为寻找孟加拉虎。对于这些好奇的人类，孟加拉虎有点害羞。或许是因为它们看不懂人类手上那闪着光的方形盒子，又或许是它们认为自己打不过这些喷着气的轮船。总之，人类很少看到孟加拉虎。它们如此难以寻觅，以至于当人类发现它们的脚印时，都会齐声欢呼。

　　麋鹿和梅花鹿就懂事多了。当人们经过红树林时，总能在蜿蜒的树林中发现它们那模糊的身影。鸟儿是最好客的，它们在林间飞起飞落，甚至会悄悄地飞到轮船上，像手脚灵活的刺客。当然，它们不是来欢迎人类，而是来偷人类放在船尾的食物。

　　有的人运气一般，可能他们在船上待了三天三夜，也看不到一只动物。不过，静静地坐在甲板上，看远处静逸的红树林，听近处的划水声，也十分惬意。

加尔各答最繁华的大桥
——豪拉大桥

如果你要去豪拉火车站，那么一定会经过一座雄伟的悬臂大桥——豪拉大桥。它是加尔各答最繁忙的大桥，也是加尔各答的标志性建筑。远远望去，豪拉大桥十分轻盈，像一位正踮着脚尖在胡格利河上跳舞的舞者。当你走近后，你又会感叹它的坚强，因为它沉默无言地托起了无数个从桥上走过的人。

无论何时，桥上都很拥挤。车来车往自不必说，人行道上也很热闹。游客在桥上自在地欣赏远处的风景，看他们脸上陶醉的表情，好像一整天都不会离开这座大桥似的。警察则时时刻刻盯着游客的动作，倒不是害怕游客做出伤害别人或自己的事情，而是防止游客拍照。是的，这座建成了七十多年的大桥就像一个害羞的姑娘，不喜欢被人拍下来。

行人步履匆匆。或许是因为这儿离豪拉火车站不远，所以走在这座大桥上的人，多是顶着包裹，或扛着编织袋的人。他们行色匆匆，只是有时候会朝远处望去，似乎在寻找传说中的繁华。

桥上的小贩则悠闲得多，他们提着一两个篮子在大桥上坐下——篮子中是芒果和苹果——然后席地而坐，颇有点"姜太公钓鱼，愿者上钩"的意味。

其实，倒不是这些小贩想偷懒。直射的阳光，再加上来来往往的黄色出租车喷出的尾气，令桥上炎热异常。

小贩的汗水沿着脸颊滴落，他们黝黑的肤色大概也是这座大桥的杰作。只是他们从未想过离开这座大桥，豪拉大桥的人流量大，在这里做生意，其成交量是其他地方小贩的几倍。于是他们咧嘴一笑，擦了擦汗，继续"钓鱼"。

这座坚如磐石的大桥也曾面临过倒塌的危险，它的对手，是看似毫无缚鸡之力的口水。

印度人喜欢嚼一种叫做 Gutkha 的烟草制品，这本没什么。但是人们似乎将豪拉大桥的桥梁支柱当成了痰盂，几乎每一个从豪拉大桥上走过的人，都会对着桥梁支柱吐一口口水，好像在祈求平安。就这样，Gutkha 中的酸性物质随着烟民的口水留在了豪拉大桥上。日积月累，桥梁支柱的表皮被腐蚀大半。

眼看这样一座雄伟的大桥就要"丧生"于口水之手，豪拉大桥狮子俱乐部发起了一项运动——拯救豪拉大桥，远离酸性口水。这项运动得到了很多人的支持，甚至有人站出来呼吁人们停止咀嚼 Gutkha 烟。

终于，豪拉大桥保住了。然而，如今走在豪拉大桥上，人们依然能够看到被酸性口水腐蚀成红锈色的桥梁支柱。那是印度人给豪拉大桥留下的印迹。

加尔各答的母亲河——胡格利河

站在豪拉大桥上，人们总会不自觉地将目光投向脚下奔腾的河水，那是恒河的支流，也是加尔各答人心中的圣河——胡格利河。

清晨，当太阳的光辉洒在胡格利河面上时，胡格利河便热闹起来了。人们来到这条母亲河中洗澡、洗头、刷牙；母亲忙着给孩子洗脸，虽然母亲的动作一点儿也不温柔，但是能够换一个干干净净的小瓷娃娃，倒也很划算；准备去做苦力的人，会用河水不停地清洗自己的脸，似乎在祈祷胡格利河保佑自己；那些一点不讲究的人，也会洗一洗自己的胳膊，当然，他们并不是为了卫生，而是为了祈福。

清晨已过，睡意渐消，加尔各答人的一天开始了。虽然洗漱的人已经离开了胡格利河，但是胡格利河依然生机勃勃。

小贩挑着装满鲜花的担子来到胡格利河，小贩大多是男性，虽然他们和鹅黄色或粉红色的花朵不太相称，但是顾客似乎早已适应了这样的场景。没有美丽的卖花姑娘，小贩的生意依旧不错。黄色的花最畅销，这种带着一丝清香，自有一股甜美自然风味的花朵，是人们专门用来供奉神灵的。

　　家庭富裕的人，会买上一大把，小贩最喜欢这样的顾客；家庭贫穷的人，也会买上一两朵。虽然花骨朵颤颤巍巍的，但是他们像对待自己最心爱的姑娘一样，小心翼翼地将其捧在胸口。

　　游客想来这里欣赏风景，但大多时候他们看到的景象可以用"恐怖"来形容。站在河畔眺望远方，一两具泡得肿胀的尸体出现在人们眼前。游客或许会大惊失色地报警，但警察通常不会管这类事，因为他们见得多了。印度有天葬的习俗，人们会将逝者的骨灰撒入河流中。而那些买不起火葬用品的家庭，则会将遗体直接放进水中。

　　加尔各答人对这样的情景见怪不怪，头也不回地向前走去。只有那些穿着破烂、脸色苍白的人才有时间对着尸体指指点点，似乎在讨论死者的生平。这些人大多身患重病，身边又没有亲人朋友，所以索性将家搬到了胡格利河畔，这样自己病逝之后就能顺利地举行天葬。在看到这些尸体时，他们心中是悲是喜，或许没有人说得清。

　　无论人们为它附上什么样的意涵，胡格利河都自顾自地流淌着，从不停歇。它的确是加尔各答的母亲河，庇佑了那些在此洗漱的、等待死亡的人。然而，它庇佑的最多的，还是那些为了活下去，头顶巨大的黄色货物，从胡格利河畔走过的人。

第四章

探访宗教圣地

这个国家有多少种宗教呢？或许连印度人自己都说不全。

然而人们并不在意这一点，多种宗教并存、尊重彼此的宗教信仰，已经成为这个国家的特点。

接下来，让我们一起探访这些位于加尔各答的宗教庙宇，看一看满怀信仰的印度人的真实模样。

感受迦梨女神庙的宗教氛围

还 没进入迦梨女神庙，你就能感受到浓浓的宗教氛围。

迦梨女神庙前面有一条步行街，形形色色的小摊贩卖着各种与神庙有关的物品：供奉神庙的祭品、鲜花、刻着迦梨女神的木质雕刻……虽然商品摆放杂乱，但是小贩的生意极好，身穿纱丽的印度姑娘，总要停下来买几束鲜花；包着白头巾的印度男子，则会在木雕前停留良久。

这里永远都很热闹。除了经常来拜访的当地人，这里还有很多从远处而来、衣衫褴褛的信众。他们在神庙前打坐冥想，丝毫不在意身边喧闹的人群。

乞丐闻风而来。他们坐在马路中央，像指挥交通的警察一样，一脸正气凛然的模样。他们仔细地观察每一个路人，在看到手拿相机的游客时，便会迅速地伸出手，摊开掌心。只有在这时，他们才会展现出那种不符合自己年龄的灵活。

这里也有警察。神庙的出口有一排铁栅栏，警察在铁栅栏旁边搭了一个帐篷。警察很少露面，因为虽然这里有很多信众，但是基本上不会发生冲突事件。或许，这是因为在自己的神灵面前，每一个人都会约束言行。

这里也会响起惨叫声，那是羊的叫声。迦梨女神是黑暗女神，喜欢喝血，所以信众每天都会带来黑山羊，用羊头供奉女神——信众认为黑山羊是恶魔的化身。

这种献祭方式也称"血祭"，是一种极其残忍的仪式。人们先将黑山羊洗干净，跪下来祈祷。之后，将黑山羊的前腿绑在后背上，头塞进两棵树中间。最后，用斧子砍掉羊头，献给迦梨女神。

对于黑山羊的惨叫，当地人显得异常平静。当黑山羊的头被砍下来时，当地人甚至会鼓掌。很多游客无法理解这种行为，正如他们想不通，为什么代表黑暗的迦梨女神，会得到当地人的爱戴一样。

其实，在这个腰间佩戴断臂、颈部挂着人头的黑暗女神背后，隐藏了一个舍己为人的故事。

传说，迦梨女神曾是雪山女神帕尔瓦蒂。有一天，天地间出现了一个恶魔，他法力高强，只要滴上一滴血，就能召唤出成千上万个分身。他无恶不作，众神却拿他毫无办法。为了保护这片土地上的生灵，帕尔瓦蒂女神决定牺牲自己。她化身迦梨女神，将恶魔的血吸干。然而，虽然消灭了恶魔，但是迦梨女神却因毒血而变得性情暴躁，喜食人血。

信众是否是因为被迦梨女神舍己为人的精神感动，才来此参拜的？我们不得而知。正如那些虔诚的修行者、安然自若的乞丐，以及将狭窄店铺当家的小贩一样，都让人捉摸不透。

宁静的达克希涅斯瓦尔神庙

加尔各答城北，胡格利河畔，矗立着一座红白相间的神庙，这是达克希涅斯瓦尔神庙。这是一座能使人静下心来的神庙。坐在神庙前，虽然你依然能看到眼神中没有光彩的乞丐、躺在胡格利河边等死的人，但是你也能发现那些虔诚的、闭目冥想的信众们，以及在河中自在玩水的孩子。

当乞丐身上那股毫无生气的、迷茫的气息向你飘来时，孩子们那无忧无虑的笑声又能将你带回到充满生机的现实中。当你疑惑为何胡格利河畔有这么多等死的人时，不远处虔诚的信众又能为你找到生的答案。

走进达克希涅斯瓦尔神庙后，你立刻能感受到浓浓的宗教气息。

这里曾经是印度教圣者罗摩克里希那居住的地方，所以它永远都不会缺少信众。然而，信众虽多，达克希涅斯瓦尔神庙却不会出现嘈杂拥挤的场面。人们都好像认识很久了一样，做什么事情都很有默契，神庙中秩序井然。

神庙中永远都是这样平静安宁，只有在信众齐声颂扬神灵时，这种宁静才会打破。不过没有人讨厌这个环节，信众们整齐的歌声犹如母亲温柔的催眠曲，能够让人忘记俗世烦忧，寻得一份安心感。

拜访过神庙后，你的心情也会改变。虽然胡格利河依然毫不停歇地流动着，但是此时从河上吹来的风，却早已没有了之前的恶臭味，反倒有一股淡淡的清香。这是胡格利河的气味还是神庙中花朵的香味？大概香料大师也分辨不出来吧。

你不如跟着风儿往前走，去胡格利河洗洗手、洗洗脸，让河水带走所有的烦忧。

小贴士

门票：免费。

开放时间：周一到周五6：00—12：30，15：30—20：30。

注意事项：神庙内禁止摄影。

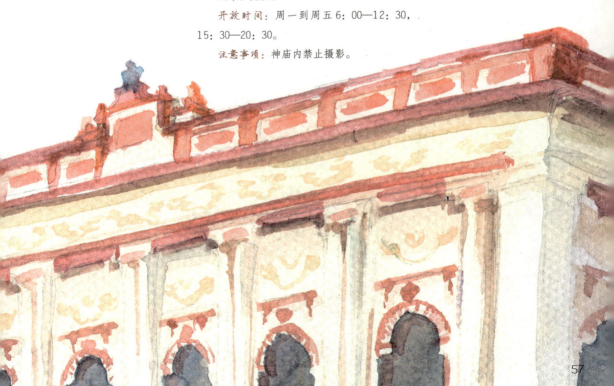

57

印度教教会中心
——白鲁尔庙

这是一座造型独特的庙宇。它的上半部是伊斯兰教风格的穹顶,下半部则是传统的印度教庙宇结构。

即使站在远处,人们也能感受到它的气势。那高大的穹顶,如同宫殿的宝盖;三座两边低中间高的钵形塔,又展现出它的庄严。

走近后,人们便能够发现它的精致。那些雕刻在外墙上、繁复美丽的花纹,如同美人洁白如玉的肌肤,使你在还没有了解它时就爱上了它。

这就是位于胡格利河西岸的白鲁尔庙。

白鲁尔庙是为纪念印度著名哲学家白鲁尔而建,又因白鲁尔生前建立的罗摩克里希那传教会总部也在这里,所以它也是世界印度教教会中心。

白鲁尔庙永远都不会缺少信众。加尔各答人每天都要来这里朝拜,即使工作忙碌,他们也要抽出几分钟的时间来此打坐冥想;这里还有很多从远处而来的信众,他们衣衫褴褛,但是眼神坚定。看到他们虔诚的模样,不远处和小贩讨价还价的人也会不自觉地降低音量。

璀璨的伯勒斯纳特耆那教寺庙

穿过一条人声鼎沸、垃圾遍地的小巷，一座如宝石般璀璨的寺庙出现在面前，这就是伯勒斯纳特耆那教寺庙。

白色的尖顶搭配金色的宝塔，给人一种庄重、圣洁感。墙面上的彩色玻璃、灵动的玉石，以及雕刻精致的大理石，又让这座庙宇从一个沉稳的修道者变成了一个装扮精致的大小姐。它戴上了自己最精美的饰品，来迎接那些满眼好奇的游客。

庭院中那些别致优雅的花坛、石雕，以及波光粼粼的水池，又让这座庙宇从一个看似只会购买珠宝的大小姐，变成了品位独特的艺术家。

这是一个神奇的建筑。走在用青花瓷碎片拼成的地板上，你或许会忘记自己身处庙宇之中。只有那庭院中立于银质莲花座的辛塔鲁那托的塑像安然静坐，温柔地庇护着那些在塑像下虔诚祈祷的人们。

幽静庄严的圣保罗大教堂

这栋掩映在绿树中的白色哥特式建筑，就是加尔各答最大的教堂：圣保罗大教堂。虽然这座教堂拥有很多信众，但是有了绵延不断的绿树，以及迎风摇曳的红花之后，它倒更像一个隐士高人。鸟儿从远处飞来，停留在哥特式尖顶上。绿树为教堂罩上了一层朦胧的面纱，远处的人们只能想象它的真容。

然而，即使已经"归隐田园"，它还是保留了之前俯瞰天下的霸气。当你靠近这座教堂时，那些精致的雕刻、美丽的彩色玻璃，以及巨大的石柱，让你不由得改变之前的印象，回想起了这座教堂的身份。

走进教堂中，这种感觉就更加强烈了。教堂中静悄悄的，每一个信众都刻意放低了自己的音量，放慢了自己的步子。你也不自觉地放低了声音，即使很想称赞教堂中复古的、充满欧式风格的装饰。

你只能坐在木质长椅上，看前排的信众虔诚地祈祷。虽然听不懂信众的语言，但是能听懂他声音中的平静和安宁。

圣保罗教堂并不是一个称职的景点——除了称赞教堂中美丽的彩色玻璃，你只能百无聊赖地坐在长椅上发呆。但是这座教堂并不是以美景或惹人惊叫的娱乐活动而取胜的，它靠的是宁静、平和的气氛。

坐在斑驳的木质长椅上，会发现时间过得很快。看一看书，或是对着墙上梦幻般的光发发呆，还没等人反应过来，天就黑了。

这座空旷的大教堂总会让人不自觉地沉下心来，而且也不会有人来打扰，可以自在地发一个下午的呆。若是此时有人弹起管风琴，让那优美庄重的声音在教堂中回荡，就更不想离开了。

探访加尔各答最大的清真寺

政府大厦一千米处，矗立着一座拥有巨大穹顶的庙宇，这就是加尔各答最大的清真寺——纳克霍达清真寺。

　　这是一座四层建筑，可容纳近一万名穆斯林同时祈祷。虽然站在纳克霍达清真寺外，你很难感受到它的气势，因为墙上随处可见岁月的斑驳，但是你依然会爱上这座历经沧桑的建筑——砖红色的墙体使它成了一个复古的美人，顶部绿色的圆形穹顶又让它变成了一个不可亵渎的圣女。

　　走进清真寺，这种感觉就更强烈了。光洁的大理石地板、长长的回廊、雕刻精致的石柱，让它显得美丽而宁静。但是那群虔诚而严肃的信众，以及略显紧张的游客，又让它变得庄严。

　　毫无疑问，这座清真寺是静谧的。对于那些在大厅中虔诚祈祷，或在水池中净身的信众，即使你不了解清真教的教义，也能读懂他们脸上的表情。

　　在这座清真寺中，那些将伸手变成习惯的乞丐，也会试着安抚自己疲惫的心，闭上眼睛，坐在光洁的大理石地板上冥想。

　　当你在这座清真寺中转上一圈后，就会不自觉地放慢自己的步子。然而，当你走出这座清真寺后，又变得迷茫了。因为从不远处民居中传来的争吵声，以及路边小吃摊上传来的咖喱的香味，又将你拉回到现实中。

　　这里仿佛有两个世界：平静的、清静的世界与喧闹的、真实的世界。加尔达尔人更喜欢哪一个世界呢？或许，连他们自己都不知道。他们最喜欢做的，就是坐在清真寺门口，看阳光在地上洒下斑驳的光影，听不远处的讨价还价声。

第五章

品味独特的文化风情

　　或许，在没有了解这个国家之前，游客会觉得印度人有点奇怪。比如：游客始终都不明白为什么印度的麦当劳里没有牛肉汉堡，只有羊肉汉堡；人们也不理解，为什么将伸手变成一种习惯的乞丐，在面对神灵时竟然能那么虔诚。

　　不用着急，在了解了这个国家的文化风情之后，你就能得到答案。那时，你就能明白为什么看似粗鲁的出租车司机也能和你谈论时下最畅销的小说，甚至还会领略用手抓饭的乐趣呢。

印度人与众不同的餐饮文化

对印度人来说，吃什么和怎么吃都很有讲究。

生活在不同地区的印度人，喜欢吃的食物也不同。北方地区的人对小麦、玉米和豆类情有独钟；东南沿海地区的人不太喜欢啃玉米，因为他们将自己的热情都献给了米饭；正当北方和南方的人为小麦好吃还是大米好吃吵得不可开交时，中部地区的人投了一个中立票——他们只喜欢小米和杂粮。

虽然他们有自己的偏好，但是同为印度人，他们对食物的理解在某些方面竟出奇的一致。

比如，他们都认为面饼是人间至味。这种被称为"馕"的面饼，在印度人的生活中扮演了非常重要的角色。无论是太阳刚刚升起之时，还是午后闷热之际，或是夕阳在河边跳舞时，印度的大街小巷中都飘散着这种面饼的香气。

　　中产阶级会找一个高级餐厅，舒舒服服地坐在树荫下，一边欣赏远处的众生百态相，一边品尝馕。侍者会适时地端上小甜点——这大多是英式下午茶的延伸，再给客人倒上一杯浓香四溢的红茶。咬一口馕，再喝一口红茶，印度的本土特色便与英国殖民者留下来的风物完美地结合在一起了。

　　穷人就没有这么多讲究，他们往地上一坐，就着昨晚剩下来的菜汤，津津有味地吃着。那些大手大脚的人，还会买上一份绿豆汤。馕的香气和绿豆汤的香甜越飘越远，引得周围的人都羡慕地咽口水。

　　露宿街头的流浪者也喜欢吃馕。不过，他们既不会泡红茶，也不会买绿豆汤。他们躺在路边——这也是他们的床——就着飞扬的尘土以及不远处垃圾散发的恶臭吃馕。他们吃得一脸满足，以至于你开始怀疑这些馕中是否添加了罂粟壳。

　　除了馕之外，印度人还有一个"宠妃"：辣椒。在印度，辣椒粉永远都不会担心自己的未来。它们被广泛运用于各种菜肴中：炒鸡、蒸鱼、炒青菜……对印度人来说，如果一道菜肴中没有辣椒粉，那这道菜就少了一点味道，犹如木头美人，美则美矣，却没有个性。

印度人到底有多么擅长吃辣呢？有这样一个传说：印度的餐馆将"辣"分成 10 个等级，当印度人点菜时，服务生会向他们推荐第七辣或第八辣；如果外国游客进了餐厅，服务生会对其推荐第二辣或第三辣。这并不是印度人瞧不起外国游客，而是一般人对辣的忍受限度在第五辣左右。当然，这里也有被印度人打入"冷宫"的菜肴。若说谁是冷宫的头把交椅，当数牛肉无疑。印度教徒敬牛如神，因而在各类餐馆中，你根本看不到牛肉的身影。即使在麦当劳——这个由美国人创建的快餐连锁店中，你也吃不到任何与牛肉有关的食物。这里没有牛肉汉堡，只有羊肉汉堡。

不仅仅是吃什么，对于怎么吃，印度人也有很多讲究。虽然在各种大型宴会中，你会看到印度人拿着刀叉，像对待艺术品一样对待自己的食物。但是在和朋友吃饭时，尤其在家中时，他们更喜欢用手抓饭。

很多人认为，这种进食方式有种茹毛饮血的意味，属于"未开化之人"才会做的事。尤其是在看到印度人用手抓面条等泡在汤里的食物时，他们就更加肯定自己的观点了。

其实这些都是偏见，印度人并不是喜欢将细菌当做下饭菜的人。相反，在用餐前，他们会认认真真地将手洗干净。更重要的是，他们认为，用双手感知食物，会让自己更加细心地品尝食物。

了解简单又真诚的社交礼仪

作为一个古老的国家，印度人的待人接物很有讲究。印度人最常用也是游客最常听到的印度话是"那摩斯戴"。这是一句梵语，意为"向您问好"，以表示祝福和问好。如果想要结交几个印度朋友，就一定要熟悉这句话。不过，若想让自己更加接"地气"，你还要学习有关这句话的手势。正如学习咒语，如果你只记下了口诀，却不知道如何挥动魔法棒，那么即便你将手臂挥酸了，也不会出现魔法的火光。

你也不用紧张，这个手势十分简单——双手合十即可。若你手中拿着东西，就举右手示意，切不可举左手。因打招呼的人不同，举手的高度也不同。对于年长的人，你应该将双手举至前额；对于和自己年纪差不多大的人，将双手举至下颚即可；对于晚辈，你可以偷点懒——双手举至胸口就可以了。

若你的"那摩斯戴策略"起了效果，使你结交到了值得信赖的印度朋友，那就需要进一步学习印度的社交礼仪——拥抱。虽然印度人看上去有些羞涩，但是在与故人重逢时，他们从不会吝啬自己的热情。他们会紧紧地拥抱朋友，先把头偏向左边，触碰一下胸膛，然后把头偏向右边，再触碰一下胸膛。有时候，朋友之间不需要说什么，只需要这样一个简单的拥抱，让肢体语言传递自己的思念就足矣。

如果你和印度朋友的感情持续升温，已经发展到他邀请你去家中做客的地步，那么建议你要好好了解一下

印度人的另一种重要的礼仪：献花环。印度人会根据客人的重要性来制作花环，客人越重要，花环也就越粗。你也不要因朋友准备的是普通大小的花环就感到伤心，因为你若真的戴上了属于贵客的花环——垂至膝盖的花环，你便能了解什么是脖子不能承受之重。

有时候，为了表示对客人的欢迎，印度人还会为客人点上吉祥痣。吉祥痣，就是用朱砂在眉间点上一个圆点，印度人认为吉祥痣可以驱邪避灾。

或许你因为小时候被拉去舞台上表演而对在眉间点痣有生理性厌恶，但是在这里，你完全不用担心，印度友人是不会给你化一个舞台妆的。就算他是一个从未接触过美妆的人，他的"点痣"手艺也比你的母亲或老师要强。

毕竟"没吃过猪肉，也看过猪跑"。在印度，眉间点痣很常见。而且每到重要的时刻，如出嫁前，人们还会请僧侣为自己点上吉祥痣，祝自己万事吉祥。所以你不妨放宽心，做一回地地道道的"印度美人"吧。

印度，一个敬牛如神的国家

或许，没有哪一头牛不愿意生活在印度。

在这个国家，牛是很受宠的。就算家中条件不好，人们也要给牛准备好吃的，找一处干净舒适的地方做牛棚。

无论开心的事情，还是难过的事情，人们都会和牛分享。若是牛儿能摇头晃脑地叫上几声，简单地回应一下，人们就更加高兴了。激动时，他们还会给牛儿一个大大的拥抱。遇上重要节日，他们会用花环和绶带将牛好好地装饰一番，带着牛儿上街逛一逛。

那些不了解印度文化的人，或许会以为这不过是一个温柔的主人任性地宠爱宠物的表现。然而，若他们看到印度人向牛鞠躬，甚至跪拜时的情景，他们就会明白，印度人对牛是崇敬多于喜爱。

　　圣雄甘地曾经说："牛是所有印度人的母亲。古代的圣贤，不论是谁，都来自牛。"这是一个敬牛如神的国家。你也许不需要提前了解印度的文化，单看印度人对牛的态度、看牛的眼神，便可知一二。

　　在印度，搭公交车如同坐云霄飞车一样。汽车到站停下，乘客们一边听手持木棍的乘务员的催促声，一边以最快的速度跳下车。而刚刚上车的人还没有坐稳，司机就狠踩油门，朝马上要变灯的路口飞去。虽然乘客们在车厢内摇来晃去，但是他们早已熟悉了这种速度，若司机的手脚慢一点，他们还会抱怨呢。

　　然而，这种如时光列车的公交车，在遇上牛时却变了一番模样——像那性格火暴的"小辣椒"突然变成了乖巧温顺的邻家小妹。当发现牛丝毫不在意交通规则，任性地在马路上散步时，司机倒吸一口气，立刻急踩刹车。

　　乘客们在车内打了一个趔趄，正想要骂人时，却突然看到了车窗外安静沉稳的神牛，便立刻转换了一副面孔。转变之大，犹如一位满脸横肉的屠夫突然变成了虔诚的信众。他们将骂人的话咽进肚子，带着一副温柔的面孔注视着牛。

　　刚刚喧闹如菜市场的公交车突然安静无比，连那准备作案的小偷都收回了自己的手。人们耐心地等待牛从车前走过，如同等待一个奇迹降临。

　　等牛走后，公交车又恢复了几分钟前的喧闹，司机也想起了自己作为一名"云霄飞车"驾驶员的使命，踩着油门往前冲去。

　　因此，有人说，如果你没看过印度人平静温柔的一面，那大概是你没遇上过牛。

　　没有无理由的爱，也没有无理由的恨。印度人对牛的崇拜和尊敬并不是生而有之，这与他们的宗教信仰有关。

在印度的众多宗教中，印度教是信众最多、影响最大的一个宗教。据统计，印度有80%以上的人都信奉印度教。可以说，印度教徒的生活方式，代表了这个国家的生活风貌。

在印度教中，主神破坏神湿婆的坐骑是一头神牛。在加尔各答随处可见的印度庙中，你总能找到神牛的雕塑。而且印度教的教义是：看到神牛就要想起湿婆，信众不能杀牛、吃牛肉，或使用牛皮制品。

既然牛在印度教中有如此神圣不可侵犯的地位，那在现实生活中，牛可以随心所欲地闯红灯，吃成熟的庄稼，也变得顺理成章了。

印度教徒从小就教育孩子：一定要尊敬牛，不能伤害、辱骂牛。当看到在街上自在踱步的牛时，这些人也会带着孩子一起向牛鞠躬。虽然孩子还不懂得宗教是什么，但是他们有一颗平等的心，所以在遇到牛时，他们会和自己的父母一样，温柔地、亲切地和牛打招呼。

多种宗教并行的印度社会

大概没有人会忽视宗教对印度的影响力。在印度，可以说处处都有庙宇，时时都能看到信众。

那些步履匆匆的小贩，会在路过庙宇时停下步子，转身走进庙门，双手合十向神灵祈祷，在一个小容器里放上一点钱后走出庙宇，继续自己的营生；中产阶级喜欢在喝完下午茶之后，进入家中的修炼场所，打坐冥想；那些无所事事的流浪者，最喜欢在炎热的午后，盘腿坐在路边小庙的石板地上，听祭司讲各种神话故事。

宗教已经深入印度人生活的方方面面。在印度人很小的时候，就已经熟悉各种神灵的名字。当然，那时的他们并不能理解宗教的含义，他们只是被故事中那些命运多舛的人物吸引住了而已。

　　等印度人长大后，在进行自我介绍时，他们总是不忘说出自己的宗教信仰。对他们来说，交换宗教信仰和交换名片一样正常。因此，如果你对印度人说："我是一个没有信仰的人。"他们可能会睁大眼睛，不停地表示不可思议。

　　印度的宗教虽多，但是他们没有"派别意识"。在这个国家，任何一种宗教都是被尊重的。比如：印度教教徒不会因为本国有 80％ 以上的人信奉这一宗教，就对基督教徒指手画脚。在看到精致小巧的教堂，或与刚刚礼拜的基督教徒相遇时，他们永远都不会流露出鄙夷的表情，有些人还会向德高望重的牧师鞠躬呢。

　　印度人也不会将自己的信仰强加在别人头上。比如：虽然印度教徒崇拜牛，而且从不吃牛肉。但是如果你在印度旅行时，得了一种"不吃牛肉就不开心"的病，你依然能够找到解药——穆斯林的肉铺就有牛肉卖。

　　或许，你还能看到这样一种奇特的景象：在雕塑精致的印度庙对面，有一座烟火缭绕的佛教寺庙。虽然从佛教寺庙中传来的阵阵梵音，和印度庙中的经文声有很大的差别，但是它们却有一种奇妙的、和谐的美。这种美丽，不仅仅是来自那给人带来艺术享受的建筑，还来自于那些从这两栋建筑中走出并且互相致意的人们。

　　虽然印度教徒从小就给孩子讲述印度教的故事，告诉他们印度教教义，但是如果孩子对这种宗教没有兴趣，或者认为基督教、伊斯兰教才是自己的信仰，父母也不会强迫他改变信仰。因为在他们看来，无论信奉哪一种宗教，都是一种修行。

城市中绮丽的风景
——纱丽

说实话，刚刚抵达加尔各答的人，难免会有些失望。旅程的第一站——加尔各答机场，就完全不像一个国际机场。且不说这里没有货币兑换处和餐厅，单看这里简陋的设施，以及走出机场后目之所及的破败民居，你就能感受到这座机场传递给你的意涵：我与这座城市一样，都拥有一种颓废的美感。

扬起的灰尘、散发恶臭的垃圾、几乎能整合成丐帮的乞丐，以及摇摇欲坠的民居，都给你一个错觉：这里不是印度第三大的城市，而是一个破败的、经济落后的三线城市。

当你忍受不了那股恶臭，想要逃离这座城市时，纱丽适时地出现在你的面前。穿着白色、灰蓝色、粉红色纱丽的印度女子，像是不知尘世烦忧的仙子，带着几分梦幻从你眼前走过。

　　她们是这座城市最美丽的色彩。若旁边有景物相衬，如色彩鲜艳的民居时，纱丽会将她们衬托得更加绮丽。她们与那明艳的城市背景一起，成了让人印象深刻的油画。若是她们此时漫不经心地露出一个笑容，或是羞涩地和你打个招呼，你就更难忘记这种或明或暗的色彩了。

　　若是旁边没有景物相衬，如只有四处飞舞的苍蝇和散发着恶臭的垃圾时，身穿纱丽的她们就变成了无畏的战士，穿过那些沉闷的、死气沉沉的雾气，来到人们眼前，为这个如行将就木的老人一般的城市增添了一抹艳丽的色彩。

　　或许，在印度女子眼中，纱丽并没有这么浪漫。

　　纱丽是印度的传统服饰，如中国的旗袍、日本的和服。然而，与后两者不同的是，纱丽是印度人的日常服饰。印度女子上班时会穿它，做家务时会穿它，逛街时会穿它，庆祝重大的节日时还会穿它。

　　纱丽就像印度女子最知心的朋友，陪伴她们度过了无数次日升日落。纱丽染上了她们身上的香水味、柴米油盐味，陪她们一起品尝那说不清道不明的苦辣酸甜。

　　对印度女子来说，纱丽不仅仅代表了一种美丽，还是她们生活的见证者。和心上人约会、嫁人、孩子满月酒、孩子结婚……在每一个人生的十字路口上，在她们开心、期待，甚至悲伤、恐惧的时刻，纱丽都会陪伴她们。这些颜色艳丽的服装像最智慧的老人，总是平静而温柔地注视着她们。

　　在印度街头，你能发现不少胖美人。这是印度食品惹的祸——印度满街都是煎炸食物的香味，而此地除了煎炸食物外，便是各式各样的甜食。因此，很多贪嘴的女子以及年岁渐长的女子，看上去都很丰满。

　　纱丽从不会嫌弃主人的身材，它们总是温柔地庇护自己的主人。身材不够完美的女子，在纱丽的装扮下，再不见因身材而不自信的模样。她们那粗壮的大腿和臀部像是消失了一样，只有一侧腰腹若隐若现，呈现出一种含蓄的美。微风吹来，纱丽在风中划出一道道绮丽的线条，这些丰韵的美人也变得飘逸起来。

　　虽说旗袍的典雅、和服的端庄让人印象深刻，但是若让印度女子来评价这些款式各异的传统服饰的话，她们一定会毫不犹豫地说："纱丽是世界上最美丽的服装。"

去托莱坞寻找神奇的印度电影

说起印度电影，大概没有人会忘记宝莱坞。那个隐藏在孟买的电影基地，不仅仅曾经制作出《三傻大战宝莱坞》《贫民窟的百万富翁》《宝莱坞生死恋》等多部叫好又叫座的电影，还是无数人明星梦的起点——若是机会降临，那么即使是没有任何电影经验的人，也能够成为聚光灯下的宠儿。

　　然而，如果你兴致勃勃地向当地人打听去宝莱坞的方法，当地人或许会用一种"又来了一个傻子"的眼神看着你。作为印度电影的最主要生产基地，宝莱坞并不对外开放。当然，你也可以参加旅行社的"宝莱坞之旅"，但结果往往是你花了100多美元，却只能短暂地参观一下电影拍摄片场。至于能不能遇上拍摄组，那还要看你的运气。

　　很多人说，宝莱坞之于印度，犹如好莱坞之于美国。然而，遗憾的是，我们可以在好莱坞体验一场真正的电影之旅，却只能在宝莱坞吃"闭门羹"。

　　你也别急着叹气，印度也没有这么无情，托莱坞可是对外开放的。作为印度最热门的旅游景点之一，它每年要接待大约150万名游客。要知道，名声赫赫的泰姬陵每年也不过接待300万游客。

　　托莱坞是什么呢？它是一座位于印度中部海德拉巴市的电影城。正如中国不仅仅有横店影视城，还有象山影视城、上海影视乐园一样，印度也有很多"莱坞"，如考莱坞、莫莱坞等。而在这些影视城中，托莱坞无疑是最值得参观的一个。这不仅仅是因为便宜的门票——只需250卢比（大约24元人民币），还因为它是世界上最大的电影生产基地。

　　托莱坞，又称"罗摩吉电影城"，位于海德拉巴市郊。虽然郊区尘土飞扬，颇有些荒野的味道，但是你不用担心自己找不到路。因为"罗摩吉电影城"这一名称已经被制成一块极大的广告牌，高高地挂在灌木林之上。这块广告牌有多大呢？和洛杉矶的"好莱坞"标志差不多大，在3000米外就能看见这块闪着光的广告牌。

在游览过混乱、贫穷的加尔各答后再来到这里，你就会明白为什么托莱坞的售票处永远排着长长的队伍，为什么人们站在烈日下却依然神采奕奕。

因为这是一个梦一般的世界。在这里，你永远都看不到垃圾。草地上晶莹的露水和淡淡的香气，将人们和散发着恶臭、布满乞丐的现实隔绝开来。而前面那条19世纪的街道，又将人们带到更遥远的时代中。

这里的一切都那么专业。一个占地约13亩的池塘，竟然有万花镜的效果——池塘被分成好几层，不同的水位可以展现出不同的风景。前面那条郁郁葱葱的林荫道，是专门的"闪回街"，蕴藏了电影主人公对故人的无限思念。

更重要的是，这里有拍摄组、有明星、有璀璨的灯光。你可以站在不远处的绿树下，欣赏男女主角互诉衷肠的模样；也可以坐在长椅上，观看群众演员们表演的歌舞。演员们脸上生动的表情、热情的舞蹈，都让游客忘记了头上的烈日。

在介绍到人造悬崖时，导游总是开玩笑地说："虽然这里是主角殉情之地，但是若票房不够理想，导演也可以来这里排解忧思。"听到这句话后，游客总会哈哈大笑。因为在游客看来，这种悲剧很难发生，托莱坞是不会让梦境破裂的。

属于光明的节日

——印度排灯节

每年的 10 月底到 11 月初，是印度一年一度的排灯节。

在排灯节前，超市中经常出现人挤人的场面。人们提着大包小包的糖果，从一个又一个正在购买商品的人身边挤过，来到收银台。其过程之艰难，大概要亲身经历过的人才能准确地描述出来。那种拥挤的状况和中国早晚高峰时期的地铁站没有什么区别。人们必须凭借自己高超的"加塞"技巧，才能获得新鲜的空气。

　　不过这种拥挤的场面却不会引发争吵。在这个节日中，即使你不小心踩了当地人一脚，你也不会遭到他们的白眼，或许还能收获他们的微笑。难道印度人不会生气吗？当然不是，只不过他们不会在排灯节时发火。

　　印度人喜欢在这个节日里行善。当你拿着两个相同大小的橘子，不知道如何选择时，小贩会耐心地告诉你哪一个橘子更甜，甚至直接向你推荐性价比更高的水果；当你面对写满印度文的菜单不知道如何开口时，服务员会贴心地告诉你哪一种菜肴最受外国游客欢迎。在这个节日里，他们上菜的速度都变快了。不过三四分钟，一盘热乎乎的咖喱鸡或咖喱明虾就被端了上来。

　　排灯节和很多印度神话有关，这些神话的内容大同小异——都是讲述光明战胜邪恶的故事。既然如此，排灯节怎么能没有代表光明的灯呢？在排灯节来临之际，人们会在陶土做的灯碗里放上灯油，点上灯芯，在房子周围围上一排，以驱赶黑暗，迎接光明。

夜幕降临之时，人们还会点亮挂在房顶的小彩灯。那时，这些在白天显得破旧的民居，就变成了一棵棵圣诞树。人们穿着崭新的衣服，在楼下笑闹着，等待着他们的圣诞老人——代表光明的神。

房间里也要保持光明才行。在排灯节来临之前，印度几乎每天都会断电，这是为了省下电，以备排灯节之需。虽然断电给当地人的生活带来了诸多不便，但是人们却没有任何怨言，因为对他们来说，排灯节时没有电，更加让人难以忍受。

最受孩子们欢迎的是烟花和鞭炮。胆大的孩子追着鞭炮声跑，惹得负责放鞭炮的大人见了他们就躲开，胆小的孩子躲在父母怀中看烟花。虽然烟花来来回回就那几种形状，但是孩子们还是绽放出了最甜美的笑容，仿佛他们真的在烟花中看到了光明之神一样。

春节一般的存在
——杜尔迦女神节

每年的 10 月初，印度的大街小巷开始张灯结彩，外出打工的人们也准备回乡，生活在故乡的人则上街购买新衣服，将家中打扫干净，喜气洋洋地等待与家人团聚。

这样的情景是否似曾相识？若将印度人换成中国人，你或许会以为春节提前来临了。然而，印度人即将迎来的节日并不是春节，而是杜尔迦女神节。

杜尔迦女神节源于一个印度教的传说：在很久之前，有一个名为阿修罗的凶神从地狱中窜出。向湿婆行礼后，湿婆赐给他一个护身符，可以保佑他不被男人杀死。湿婆本以为阿修罗能够为人类造福，没想到，阿修罗竟化身水牛，跑到天庭捣乱，让众神不得安宁。

阿修罗就这样折腾了百年，最后把众神赶出天庭，自己登上了因陀罗之位。因为阿修罗戴着湿婆赐予的护身符，所以众神没有办法惩戒他，只能向梵天求助，请求湿婆和毗湿奴主持公道。

湿婆得知阿修罗的所作所为后怒发冲冠，喷出火焰，创造了一位漂亮的女神：杜尔迦女神。她有 10 只手，3 只眼睛，是力量的象征。她手持向众神借来的 10 件武器，骑着喜马拉雅山神送的雄狮和阿修罗大战，最终夺下了阿修罗的护身符，砍下了他的牛头，取得了胜利。

后来，印度教徒设立了杜尔迦女神节，以纪念女神的功绩，同时庆祝正义战胜邪恶。

杜尔迦女神节最重要的活动就是搭神棚。所谓神棚，就是一种由竹子、泡沫、布料搭建而成的临时建筑，用以供奉杜尔迦女神。加尔各答人对搭神棚这件事格外上心，在杜尔迦女神节开始几个月前，人们便开始商量如何搭建神棚了。

财力雄厚的大集团，会专门设立一个搭建神棚的基金，请知名艺术家来设计神棚。最后出来的成品也都十分让人震撼，如由玻璃制成的蜂巢模样的神棚。白天时，人们可以清楚地看见神棚上精致的雕刻，而站在几条街外的人还以为巨型蜂王在加尔各答的大街上安家了呢。夜晚时，神棚变得晶莹明亮，远远望去，犹如一颗透亮的钻石。

平民老百姓也会制作神棚。那些生活在社区里的人，会把自己好不容易节省下来的钱交给居委会，然后和居委会的人一起搭建神棚。虽然他们没有钱请艺术家，但是他们搭建出来的神棚依然能够让游客惊叹。

在精心设计的彩灯照耀下，很多神棚富丽堂皇，可以像宫殿、鸟蛋、蜜蜂、山岳，也可以是抽象形状。神棚内部还有壁画、雕刻、树木等。简易的神棚几天就可以搭好，而复杂的神棚可能需要半年以上才能建成。每个神棚旁边往往还有个用来举办仪式、文艺表演的附属大棚。

因为杜尔迦女神没有固定的形象，所以她的模样完全依赖建造者的想象。不过，对虔诚的印度人来说，无论杜尔迦女神呈现出什么样的模样，她都是最美丽的。

互相喷洒颜料的节目
——胡里节

印度历 12 月的月圆之夜，是印度人庆祝冬天已经逝去的节日——胡里节。

胡里节是印度最古老的节日之一，源于印度的著名史诗《摩诃婆罗多》。相传，在很久之前，有一位暴君十分凶残，他命令百姓为自己做苦力，以供自己享乐。此外，他还十分自大，认为自己是这世上最聪明、最伟大的人。有一天，他对国民说，以后不准再提起天神的名字，举国上下只能崇拜他一人。

因为害怕国王，人们只能将自己对天神的敬仰藏在心底，将天神的塑像收起来。只有一个人除外——国王的儿子。王子公开反对父亲，依然每天供奉天神。

国王认为儿子践踏了自己的尊严，便下令把王子处死。他叫人把王子推下万丈悬崖，但王子奇迹生还；他又令大象踩死王子，然而大象也没有杀死王子。最后，他请出了自己的妹妹胡里——一个曾经得到神灵保佑不怕火烧的人。国王命令胡里抱着王子跳进熊熊烈火中，认为这次一定可以除去自己的眼中钉、肉中刺。然而，奇迹发生了。王子平安无恙，胡里却葬身火海。

当王子从烈火中走出时，百姓纷纷向王子身上撒七彩粉，以表示对正义的喜爱，对邪恶的厌恶。后来，每年的这个时候，人们都会将柴火堆成一堆——象征助纣为虐的胡里，将其焚烧。

据说，在胡里节期间，人们可以毫无顾忌地说脏话，以表示对坏人的厌恶。此外，在胡里节期间，以前有矛盾的人会平心静气地坐下来好好聊一聊，消除误解和怨恨，重归于好。

当你亲身经历过印度的胡里节后，你就会发现：发展到了现代，胡里节的重头戏已经不是烧稻草人或骂人，而是互相泼洒五颜六色的颜料和粉末。

那些经验丰富的旅客总是会这样提醒第一次来印度游玩的人：要是遇上了胡里节，请千万不要往人堆里扎，因为可能你出门时还白白净净的，回来时就变成了一个大花脸。是的，印度人才不管哪些人认识，哪些人不认识，只要从他们身边路过，甚至只是站在远处好奇张望的人，都可能遭到他们的"毒手"。

不过你也不要因此生气，因为在印度人看来，向对方身上撒颜料或粉末是一种祝福。因为在传说中，这是王子才能得到的礼遇。

或许，你还要庆幸自己遇上的是加尔各答人，因为在印度的某些地区，人们还会互相扔泥巴、牛粪呢。

加尔各答书展中的精神之美

虽然加尔各答城中那摇摇欲坠的民居、随处可见的垃圾，以及给了几个卢比后就会向你涌来的乞丐，让这座城市呈现出一种衰败、没落的面貌，但是当你真正了解过这座城市后，你就会发现它的美丽——精神之美。

若只凭外表来打分的话，加尔各答肯定无法及格——虽然梅登公园的清雅俊秀让人印象深刻，但大多数建筑都是衰败且毫无美感的，更别提那群在建筑前飞舞的苍蝇了。

不过，当你随意走进一家书店——这家书店几乎没有装修，发黄的白墙上贴着几张图书海报，书籍歪歪斜斜地摆放在书架上，长发及肩的男性店主漫不经心地和闯入的顾客打招呼——你就能发现这座城市的魅力了。

那位穿着嘻哈服、头发花白的店主，可以和你毫无隔阂地交流对泰戈尔诗句的理解；那几位穿着带有污渍的工作服的顾客，正在兴致勃勃地讨论最近名声大噪的作家；而在这家书店中转了一圈的你，发现这里虽然不大，但是书籍涵盖范围很广，自己不愁找不到心仪的书。

　　是的，加尔各答人虽然在建筑、城市环保上毫无建树，但是对于书籍，他们付出了百分之百的热情。一个从你身边路过，衣衫褴褛，看上去马上要加入乞丐大军的印度人，或许会用一个知名作家的名字为自己儿子命名。一个告诉你景点已经关门，只为了让你跟着他在城市中绕圈的出租车司机，也能说出这几年最畅销的书籍。

　　在这种城市氛围下，加尔各答书展自然受到了极大的欢迎。加尔各答书展是一场面向图书爱好者的非交易性书展，规模很大——即使全印度的图书爱好者都来参加这场书展，也不会觉得拥挤。

　　对加尔各答人来说，这是他们每年一次的盛会。在参加书展前，他们总会重温一下自己最喜欢的书籍，然后带着无上的热情和期待，去书展以书会友。

在黄包车上看变幻的街景

在高峰时段，加尔各答的街头就变得如菜市场一样拥挤。

公交车凭借着自己庞大的块头，用一种"所向无敌"的劲头冲在了最前面；小轿车也不甘示弱，它们用喇叭声交换信息，虽然看上去气势汹汹，但是因为谁都不愿意让步，所以都挤在狭窄的路口。更别说这里还有在车流中穿行的摩托车。摩托车手身手矫健，总能在车流中找到缝隙，然后见缝插针，冲出重围。

如何才能更快地到达目的地？难道只能步行？或是找一个熟悉各种小道的出租车司机？不，这两种方法都不可行。因为前者太累。尤其是当身处迷宫似的加尔各答时，也许走上大半天也到不了目的地。后者则太不划算。虽然不知道司机是否夸大了自己的能力，但是他们报出的车费就能让人产生一种上了贼船的错觉。

正当你愁眉不展时，黄包车夫出现在面前。

加尔各答有很多黄包车。当在街头散步时，总能看到那些红的、绿的顶子。赤脚或穿着拖鞋的黄包车夫，拉着轮胎上满是泥土的黄包车，穿梭于大街小巷，四处揽生意。

这些黄包车都很简陋——红色的顶子上已经出现了几个大洞，轮胎上也满是锈迹，但是当地人很喜欢这种交通工具——黄包车夫甚至可以对十几岁的少年说："我是看着你长大的。"

景点的黄包车更加鲜艳美丽一些。顶子上不再是单调的红色或绿色，而是具有印度风情的图案：两个穿着纱丽的美人或鲜花图案。这些黄包车也更加干净舒适，车轮上没有锈迹，车座也柔软得多。

黄包车很受游客欢迎，常常能看到白皮肤、蓝眼睛的欧洲人坐在黄包车上，好奇地欣赏周围景致的场景。有的人甚至完全放弃公交车和出租车，只乘坐黄包车。

　　为什么人们对黄包车情有独钟呢？大概是因为黄包车可以在车流中穿梭，而且有些黄包车夫的见缝插针技巧比摩托车手还要高超。这能节省很多不必要的时间。此外，即使不懂得讨价还价，黄包车夫也不会拿你当冤大头。它本就是一种不需要花太多钱的交通工具，再远的路，其价格也不过在 15 元人民币左右。

　　这也注定了黄包车夫一天的收入并不高——大概收入二三十元，使得车夫只能在贫困线上挣扎。为了省钱，他们将街头当家，用免费的水冲澡。他们唯一的盼头，就是用从车行租来的黄包车吸引住那些满眼好奇的游客和着急赶路的当地人。

　　坐在黄包车上的人们，看街景在眼前变幻，有种看尽世事的满足。而奋力奔跑的黄包车夫，一边看着脚下飞扬的尘土，一边思考这一单能挣多少钱，也十分满足。

第六章

璀璨的繁星：加尔各答名人

　　如果没有勤劳的、坚强的，或是贪婪的、迷茫的加尔各答人，那么即使这座城市美得像一幅画一般，也没有任何意义。正因人们在此生活、呼吸、欢笑、哭泣，这座城市才变得鲜活。

　　而对加尔各答人来说，正是有了像泰戈尔、特蕾莎修女这样的人，这座城市才变得智慧、温柔，如钻石般璀璨。

生如夏花，
死如秋叶
——泰戈尔

人生虽只有几十春秋，但它决不是梦一般的幻灭，而是有着无穷可歌可颂的深长意义的；附和真理，生命便会得到永生。

——泰戈尔

小巷深处，绿树掩映着一栋两层红色小楼。推门而入，映入眼帘的除了欧洲复古风格的罗马柱、修剪整齐的草坪之外，就是一尊不大，但是立在最显眼位置的泰戈尔半身像。

这里就是泰戈尔故居。这位伟大的诗人在这里出生，在这里度过无忧无虑的青少年时代，最后又在这里死去。

1861 年，泰戈尔出生在加尔各答一个富有的家庭，这一点从他的故居中就能看出来。在随处都可以看到乞丐、垃圾遍地的加尔各答，泰戈尔无疑是幸运的。

他的父辈属于商人兼地主阶级，属于婆罗门种姓。在这个"龙生龙，凤生凤，老鼠生来打地洞"的社会，在这穷人无法翻身、铁匠的儿子只能是铁匠、服务员的儿子一辈子只能端盘子的社会，泰戈尔具有先天优势。

他的父亲是社会活动家和哲学家，从小就鼓励泰戈尔阅读许多书籍，并且请最好的老师来教导他。而且作为家中最小的一个孩子，泰戈尔的哥哥姐姐对他关怀备至。

站在绿树环绕的小红楼前，我们甚至可以想象出，年幼的泰戈尔在这里生活的场景。老师教授他知识，家人给他关爱，虽然他生性自由，没有完成学校的正规课程，但是从他 13 岁发表诗歌开始，就被人们看作是一个天才。他的人生，似乎一出生就设计好了——那是一条没有坎坷的道路。

在泰戈尔 18 岁时，父母将他送去孟买的一户人家学习英语，为出国留学做准备。这是他第一次离开加尔各答。在孟买，他遇到了一个人——那户人家的女儿安娜。安娜从小在英国长大，她负责教导泰戈尔英语，闲时还告诉他英国的风土人情。

他们俩年龄相仿，性情相投，很快就坠入了爱河，不久后私定终身。在去英国留学之前，泰戈尔让安娜等他，承诺一回国就娶她。然而，在印度这个以种姓评判高低的社会中，爱情是那么的卑微，那么的不堪一击。在泰戈尔留学期间，安娜被迫嫁给了一个比自己大20岁的男人。他们之间没有爱情，有的只是相同的等级，安娜嫁过去后，一直郁郁寡欢，几个月后就去世了，这也成了泰戈尔一生的痛。

回国后，泰戈尔不仅无法和安娜再续前缘，还只能接受家人的安排，娶了和自己同一种姓的女子。那年他 22 岁，即使当时的他在文坛名声大噪，即使那位女孩只有 11 岁。

泰戈尔这才看清自己所处的境遇，明白自己不过是漩涡中的浪花，只能被命运推着走。可贵的是，这位诗人并没有因此怨恨现实。相反，他开始尝试走出象牙塔，接触现实社会。

  他离开了城市，去乡村管理佃户。在那里，他与下层劳动人民交朋友，用自己的双眼寻找这个国家真正的模样。他发现这个国家的诸多弊病，但他还是深深地爱着自己的国家。他投身于反帝爱国运动，写下了很多爱国诗歌。

  在生命的最后时刻，他回到了故居，与故居前青翠的大树和动人的藤蔓做伴。那时，故居已不再是一个象牙塔，因为泰戈尔已经能够看清迷雾后面的真相，但是他却依然轻松、平静，因为他有一颗如幼儿般澄澈的心。

  1941 年 8 月 7 日，他在故居平静地走完了自己的一生。或许他的人生轨迹与父母期待的略有不同，不过人们发现，他的一生，正如他那句最出名的诗一样："生如夏花之绚烂，死如秋叶之静美。"

鼓励无数学子的科学家
——拉曼

漂亮的欧式建筑，将枝叶悄悄伸到三楼的大树，在草坪上自在歌唱的小鸟，不远处挽着手散步的情侣，这里就是著名的加尔各答大学。

这座入选世界前 50 名大学的学府，是无数印度学子的梦。在与星光做伴的晚上，在困意袭来的时刻，这座大学的名字像最神奇的药水，能让他们的眼睛再次焕发光彩，让他们的手重新攥紧。

1921 年，在这座带给无数学子希望的大学中，有一位中年男子正皱着眉头走来走去。他似乎在思考问题，所以都没有注意到窗外那悦耳的鸟鸣声，也没有发现被微风送到窗前的花瓣。这个人，就是时任加尔各答大学物理系教授的拉曼。

他思考的问题看上去很简单：为什么海水明明是无色透明的，而大海却是蓝色的呢？这个问题从小就困扰着他。他也曾向大人询问过，但从未得到过答案。或许大人只是将其当做一个孩子天真的幻想罢了。

直到不久前，在回国的轮船上，拉曼听到一个男孩向母亲询问这个问题时，他终于给出了自己答案："因为海水反射了天空的蓝色。"然而，若你当时在场的话，便能发现他的语气中透着犹豫。因为虽然拉曼已经取得了一些进展，但是他并没有完全解开这个谜题。

此时，拉曼站在加尔各答大学的实验室中，苦苦思索这个问题。拉曼知道，一旦解决了这个问题，必将引起科学界的轰动。同时，他也知道，没有人认为他能解决这个问题。

彼时的拉曼，虽然已经获得了一些成就，在科学界小有名气，但是他不过33岁。更重要的是，他是一个戴着白色头巾、拥有棕色皮肤的科学家，他来自亚洲，来自已经变成英国殖民地的印度。无论是科学仪器，还是人才，那时的亚洲都远不如欧洲，他怎么可能比欧洲科学家先一步解开未解之谜呢？在英国参加英联邦的大学会议时，拉曼曾不止一次地被人质疑。

所幸拉曼并不在意这样的言论，他信心满满地想：欧洲人能够做到的事情，亚洲人一定也能做到。

拉曼决定开始一系列实验和理论研究。加尔各答的科学家、学者像商量好似的，一起来到他的实验室。这些人大多是加尔各答大学的老师，他们利用休假的时间和拉曼一起进行光散射实验。

拉曼的辛苦获得了回报。他发现了光波在被散射后频率变化的规律，后人将这一定律命名为拉曼定律。

1930年，这位棕色皮肤的科学家获得了诺贝尔物理学奖。如今，无数怀抱梦想的人走进加尔各答大学，只为了成为像拉曼一样的科学家。

永远爱这个世界
——特蕾莎修女

人类的不幸并不在于贫困、疾病、饥饿，真正的不幸是当人们生病或贫困时，没有人伸出援手。即使即将死去，临终前也应该有个归宿。

——特蕾莎修女

灰色的墙壁，棕色的木质桌椅，转角处翠绿的盆栽，垂垂老矣的病人，带着口音和病人交流的义工，这里就是加尔各答的垂死之家。

这是一个为垂死病人设立的机构，那些身患重病却没有地方住，只能在街上流浪的人，可以来到这里。这是一个公益组织，人们不需要交纳高额的住院费，就能够为自己找到一个归宿。这个组织是由在 1979 年获得诺贝尔和平奖的特蕾莎修女所建。

　　如果翻看特蕾莎修女的人生履历，我们会发现，她本应生活在一个无忧无虑的世界中。特蕾莎修女出生在东欧，父亲是当地有名的商人。她的父母很宝贝这个女儿，什么东西都给她最好的，不舍得让她涉险。

　　在父母眼中，特蕾莎修女是十足的乖乖女。她从小就喜欢跟着父母去教堂，在其他孩子商量着怎么逃出教堂时，她总能安静地、专心致志地跟着牧师念诵。

　　1931 年，21 岁的特蕾莎完成了传教士的课程，正式成为修女。这时这位乖乖女做出了一个看上去有点冒险的决定：去加尔各答的教会中学。

　　当时，印度各个地区爆发大规模冲突，有近 60 万人死于这样的冲突中。人们失去了家园，成了难民。印度第一大城市——加尔各答，自然成了难民的首选。大量的难民带来了霍乱、麻风病，加尔各答犹如人间炼狱。

　　但是特蕾莎修女坚持要去加尔各答，因为她很早就坚定了一生都要帮助贫困人们的信念。然而，当她来到加尔各答时，还是被眼前的景象震惊了：路边到处都是尸体，孩子伏在母亲身上痛哭，而那些带有细菌的苍蝇围着孩子打转。

　　然而，当她在教会学校中为那些出身良好的孩子教授地理时，学校里是那么的安静。红花在阳光下伸懒腰，绿树摇曳着自己的枝叶。看着孩子们天真的面孔，特蕾莎修女还以为自己来到了天堂。

　　可她无法忘记校外满街的流浪儿童，也无法忘记那些患上了霍乱却只能等死的病人。当她在宁静的学校中上课时，她的耳边回响着孩子们的哭泣声和病人绝望的呻吟声。她决定离开学校。最终在她的坚持下，罗马教皇允许她以自由修女的身份行善。

　　她与其他 12 位修女成立了博济会。她们穿上印度传统服饰，在战火中穿梭，救助那些贫苦的老百姓。

　　有一次，一位病危的老人在临终前感激地对她说："我的一生活得像条狗，可你让我死得像一个天使，谢谢你。"

　　这句话深深触动了特蕾莎修女，她发现很多医院不接受病重的、无家可归的老人，老人只能流落街头，饥一顿饱一顿，最后毫无尊严地死去。特蕾莎修女想，即使这些老人马上就要死去，临终前也应该有一个归宿。不久后，她成立了垂死之家。

　　特蕾莎修女曾对义工说："带着一种施舍的心救助别人是不对的。我们应该尽量缩短与病人的距离，这也是对他们的尊重。"

　　当你来到垂死之家时，你会发现这里的老人都很精神。即使明天就要死亡，他们的眼中依然有光。对于那些能够自己独立完成的事情，他们绝不麻烦义工。老人最喜欢做的，就是和义工一起坐在太阳底下，聊聊天、发发呆。因为即使不说什么，不做什么，他们也能够感受到爱与尊重。

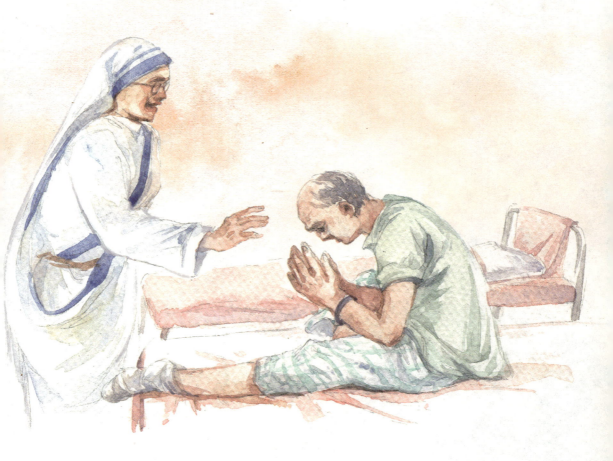

第七章

不一样的风情：加尔各答特产

　　来到加尔各答,你会发现这里的一切都别具风情。比如:
可以制作催泪弹的魔鬼椒、既是"神赐的礼物"又是"魔鬼
粪便"的阿魏,以及无处不在的咖喱。

　　印度风情到底是什么?你无须寻找答案,只需用心感受
这些特产即可。

给印度人带来幸福感的酥油

对于酥油，印度人总怀有一种特殊的情感。

酥油，又称醍醐，是一种从牛奶、羊奶中提炼出来的脂肪。因为其颜色金黄、质轻、不易破坏，被誉为"最纯净的黄油"。

在印度人年纪还不大时，他们并不知道这些。他们只知道将酥油调在牛奶里，可以制成世界上最美味的饮品；如果妈妈在煮饭时加一点酥油，那么自己今天就能多吃一碗饭。

最难忘的还是酥油饼，酥油看上去是那么的平凡，但是和发酵完的面团结合在一起后，它就变成了最高明的厨师，能给人带来无上的味觉享受。

酥油是印度人童年最好的伙伴。或许他们的生活并不安逸——吃剩饭剩菜是常见事，但是有了酥油，那平凡的、一成不变的生活也变得有滋有味了。酥油的香味从厨房中飘进了客厅里，飘进了他们的生活中。

印度，
一个挚爱
咖喱的国度

对于咖喱，或许没有人比印度人更有发言权。

印度是一个挚爱咖喱的国度。一到饭点，印度的大街小巷就弥漫起咖喱的香味。随意走进一家餐馆都会发现，菜单上出现频率最高的一个词便是"咖喱"。

对印度人来说，没有尝试过咖喱风味的食材，一定会被人遗忘。

对于咖喱从何而来，不同的印度人有不同的说法。有的人说这是佛祖释迦牟尼所创，有的人说这是曾经统治过印度的蒙古人带来的饮食习惯。虽说印度人也很难确定自己就是咖喱的创始者，但是他们可以信誓旦旦地告诉你：印度咖喱是最美味的。

这是一种颇为冒险的说法。众所周知，咖喱并不是由某一种食材制成的，相反，它是以

不同香辛料制成的酱汁。

因此，咖喱是没有具体制作方法的。制作咖喱时，有的人会使用大蒜、洋葱、姜黄和辣椒，有的人则会选择丁香、姜、辣椒、小茴香和大蒜。即使是从未进过厨房的人，也可以制作出风味独特的咖喱。总之，每个人都可以发挥自己的想象，创作属于自己的风格。

既然没有评判标准，那印度人怎么敢说自己的咖喱是最好的呢？其实他们也有自己的底气。对经常吃羊肉的印度人来说，咖喱是他们生活中的必备酱汁。既然天天都要吃，那么何不吃出风味，吃出水平呢？

于是，他们不停地寻找咖喱的各种可能性，将它和各种食材结合在一起。他们创造出了咖喱鱼、咖喱鸡、水果咖喱饭……他们还可以根据食客的口味，随时改变咖喱的味道，让咖喱像一个万花筒一样精彩。

因此，他们总是骄傲地说：印度是咖喱的鼻祖，其他国家的咖喱，不过是印度咖喱的延伸而已。

制作咖喱时不可少的郁金香粉

在制作咖喱时，印度人总要放上一两勺郁金香粉。

郁金香粉，又称姜黄粉，是用一种姜科类植物制成的。郁金香粉虽然长得比较抓人眼球——在褐色、黑色、灰色的香料中，黄色的郁金香粉犹如人群中最抢眼的女孩，让人印象深刻，但是与它的外表不一样，它是一种低调沉稳的香料。

郁金香粉的味道比较温和，就像那温柔的大姐姐一样，总是微笑地包容弟弟妹妹的一切。在阿魏霸道地宣布自己对菜肴的主导权时，在黑胡椒散发自己的魅力时，它总是温柔、沉默地调和着菜肴的味道。

它也有自己的特点。相比生姜粉和沙姜粉，它的香味更加的浓郁。因此，在制作咖喱时，人们不一定会放阿魏或黑胡椒，但是一定要放郁金香粉，让它温和的个性和独特的香味为这份咖喱增添风味。

能够治疗百病的植物
——柠檬叶

提到印度人的饮食习惯，可能很多人的第一反应是"重口味"。的确，虽然印度人喜欢吃素食，但是即使是吃青菜，他们也不喜欢平淡、原始的口味，一定要加上一大勺辣椒粉，或是将其粘上生粉扔进炸锅中。总之，在印度你很难看到食材最原始的面貌。

但是凡事都有例外，比如柠檬叶。

当你路过果汁铺子时，或许会闻到一股淡淡的柠檬香气，那是柠檬水的气味。在餐馆吃饭时，或许会看到一两片柠檬叶优哉游哉地漂在鱼汤上，它们减少了鱼腥味，增加了鱼的鲜香味。

是的，印度人对柠檬叶的喜爱让人有点摸不着头脑。就像喜欢火爆"小辣椒"的人，突然爱上了羞涩、内向的小家碧玉一样。

不过，当你真正了解这个国家后，便能发现这种喜爱并不突兀。在印度的传统医学中，柠檬叶被看成一种能够治疗百病的植物。印度人从小就经常饮用柠檬水，以增强免疫力。对这种散发着清香的植物的喜爱，早已刻在了他们骨子里。

让人难以接受的"神赐食物"——阿魏

即使是印度人也很难完全接受阿魏。

阿魏是一种古老的香料，是一种原产于波斯东部的植物的树脂。对于这种香料，波斯人给它取了一个很好听的别称：神赐食物。因为这种香料一遇热就会转变自己的模样——从难以描述的气味变成淡淡的清香。

它也会被人讨厌。因其内部含硫化物挥发油，所以闻起来有股烂蒜的臭味。有的人一闻到阿魏的气味就作呕，人们又给它取了一个别称：恶魔的粪便。

不过，"神赐食物"也好，"恶魔的粪便"也罢，它有的是推荐手段。对于那些能忍受自己气味的人，它的策略很简单：在烹饪时加入一点阿魏，食物便可以变得可口起来；对于那些一看到自己就想吐的人，它便用自己的药学价值来说服人类："虽然阿魏的气味令人作呕，但是非常有利于健康。""雨季时，应该吃一点温性食物和香料，如芥末和阿魏。"

　　大概是因为它早就找准了自己的定位，
所以当它被波斯人带到印度时，立刻受到了
印度人的欢迎。

　　对不能吃洋葱和大蒜的婆罗门教徒来说，
阿魏是从天而降的礼物。而对吃多了豆类食
物以致无法消化的素食者来说，能够预防和
减少肠胃胀气的阿魏是最理想的家庭医生。

　　就这样，虽然阿魏的气味难以形容，但
是印度人很快就接受了它，并且将它与印度
菜肴结合，使它在自己擅长的领域发光。

　　印度人深知，阿魏是一种"唯我独尊"的香料，所以他们从不强迫它和其他香料相结合，
其实印度人也尝试过，结果发现阿魏毫不留情地掩盖了其他香料的香气。他们将阿魏和性格温
和的食材结合在一起，如平淡的姜黄饭、清爽的水果沙拉等，让阿魏这个性格霸道、跳脱的香料，
为这些平淡的食物增添一抹个性。

无处不在的香料
——肉豆蔻

在加尔各答街头经常能发现肉豆蔻的身影。

在街边简陋的鲜榨水果摊前，你会发现小贩总是习惯性地在果汁中加入肉豆蔻。或许你不喜欢这种带有一丝侵略性的气味，但是当地人却喝得不亦乐乎——他们喜欢用肉豆蔻为平淡的果汁增添风情。

在烧烤摊前，你也能看到肉豆蔻。那有点腥味的肉排，只要沾上少许肉豆蔻粉，就马上变得乖巧起来。原来野性的气味立刻不见了踪影，唯有酥油和肉豆蔻的香味萦绕于食客鼻尖。

在餐馆中，肉豆蔻就变得低调多了。它隐藏在各种素食中，如南瓜饼、土豆饼。但是即使它行事低调，也掩盖不了它与生俱来的气味。

只要咬上一口，人们便能立刻发现它那辛辣、强烈的气味。不过人们也不会因此生气，谁叫它虽然霸道，但是和这些温柔的素食相处融洽，还一起为食客奉上了一场美妙的味觉盛宴呢。

加尔各答街头
的风景——番红花

走在加尔各答街头，你或许会看到一两朵红紫色或淡蓝色的花朵随风摇曳，这就是番红花。加尔各答人很喜欢这种植物。即使家中贫困，即使他们时时刻刻都要为生活烦忧，他们也要种上一两株。番红花也很争气，一块并不肥沃的土壤，以及一个精心照料的主人，就能让它们存活下来。

　　印度人也会用它做菜，只是用量极少。番红花蒸鱼最是美味，这种奇特的香料不仅会掩盖鱼腥味，还能为鱼披上一层淡红色外衣。那时，一盘再普通不过的蒸鱼就成了一幅油画。

迷住欧洲人的黑色黄金
——黑胡椒

在欧洲人来到印度之前，黑胡椒只不过是印度人生活中一种再普通不过的香料而已。

作为当时印度最辣的调味品，印度人对它还是很优待的。人们在马拉巴海岸大面积种植这种植物，还找到了它的药用价值——医治多痰和肠胃气胀。但是，相比乘坐着巨舶来到印度的欧洲人，印度人对黑胡椒的态度其实很冷淡。

虽然人们几乎每天都要吃黑胡椒，但是这种香料的价格一直都很稳定，直到欧洲人来到这片土地。欧洲人对黑胡椒情有独钟，因为他们发现，这种香料可以掩盖腐肉的气味，还能使菜肴的香味更加浓郁。

欧洲人爱上了这种来自神秘东方的香料，随之黑胡椒价格飞涨，被人们称为"黑色黄金"。而后，为了找到更多的黑胡椒，欧洲人向西行驶，最后发现了新大陆——美洲。黑胡椒当然不知道这其中也有自己的一份功劳，它们自顾自地散发着芬芳，看历史从眼前划过。

让葫芦巴带你开始一场奇妙旅行

即使是从未接触过香料的人，也不可能会讨厌葫芦巴。

没有人会讨厌身上有异香的人，金庸的武侠小说《书剑恩仇录》中的香妃就是因其独特的香味，才成为无数读者心中的梦。

葫芦巴也是如此。它身怀异香，这种香味没有一丝侵略性。在没有靠近它时，就能闻到它身上的香味，但是这香味如此之淡，以至于你不由得怀疑这是否只是自己的幻觉。

它像那低调、温柔的美人，从未向你诉说过它的辛苦。而当你回过神来时，却发现自己已经离不开它了。

用这种香料烹饪出来的食物自然独具风味。普通如葫芦巴香饼，都能让你开始一次奇妙的体验。

　　在葫芦巴香饼刚刚出锅时，只能闻到一点点香气。一分钟后，这股香气才会慢慢地渗出来，弥漫在空气中。空气中的香甜气味，如同少女最甜美的笑容，让你不自觉地想开始一场恋爱。

　　只不过当你咬上一口时，又立刻感觉到了人生的真实滋味——一点点苦涩滋味。当你想放弃时，奶油般的甜香又像变魔法般出现在你的面前，就像刚刚和你争吵过的少女又低着头来找你和好一样。

　　这股香甜滋味，使你立刻忘记了刚刚品尝到的苦，又拿起了这块平凡无奇的面饼。接下来，这块面饼所赋予你的是难以言喻的人生滋味——时而像加入了糖精一样的甜，时而酸涩，时而平淡柔和。当你品尝完这块面饼之后，你发现自己竟然无法准确地描述它的滋味。

　　去尝试一下用葫芦巴烹饪的菜肴吧，让这股香味带着你完成一场奇妙的旅行。

拥有独特气味的印度黑盐

如果印度黑盐会说话的话，一定会抗议人们为它取的这个名字。

印度黑盐长得很"少女"，它整体呈粉红色，你若仔细看的话，还能在里面发现淡淡的灰色。这种色彩搭配让它变得典雅又美丽——粉红色让它变得青春美丽，而灰色则中和了粉色带来的小女生气息，让它变得低调温和。

如果单论长相的话，它算得上是香料界的大美女。然而，当人们靠近它后，却又被吓跑了。这当然不是因为它的长相，而是因为它的气味。

印度黑盐是一种火山岩盐，因而它散发着强烈的气味——一种类似臭鸡蛋的气味。对于这种"家族遗传"，印度黑盐觉得很无辜，只能安静地等待着伯乐。

幸而有很多人愿意成为它的伯乐。在制作果酱、蔬菜奶酪时，人们总会记起这种气味独特的盐。在这个神奇的国度，印度黑盐是永远不会坐"冷板凳"的。而那些真正热爱印度黑盐的人，还会直接将它抹在水果上食用。

对辣椒有高度热情的印度人

为什么印度人对辣椒拥有这么高的热情呢？或许没有人能回答这个问题。

来到加尔各答以后，你会发现在这个城市中，你很难和辣椒说"再见"。比如，当你刚刚从一家餐馆中走出来——你在这家餐馆中品味了由各种辣椒烹饪而成的菜肴，又马上在路边发现了老朋友——辣椒。

在简陋的小吃摊上，有一大碗辣椒粉，这是油炸食品的调味料。更令人惊讶的是，虽然装辣椒粉的容器可以算得上是"盆"，但是这一大碗辣椒粉已经见底。至于为什么嘛，那个刚刚舀了好几勺的身穿纱丽、身材娇小的少女可能会告诉你答案。看见当地人舀辣椒粉的模样，你甚至会怀疑：他们到底是为了吃这份油炸食品，还是为了吃辣椒？

当你来到加尔各答郊区时，你会发现路边到处都是挂着"红色灯笼"的树。这些红色灯笼就是辣椒。印度人离不开辣椒，所以在家里种些辣椒，不仅能够喂饱家中的小"馋猫"，还能为家中带来收入。

虽然印度人如此喜欢辣椒，但是对他们来说，辣椒其实是一个"外来客"。而辣椒传进印度的故事，颇有些"冥冥中自有天意"的意味。

让我们将时间倒退至欧洲人来到印度的时代。欧洲人在踏上这片土地后，最大的收获就是黑胡椒。这种被誉为"黑色黄金"的香料价格飞涨，那些喜食辛辣的穷人从此和黑胡椒挥手告别。

黑胡椒这么受欢迎，那就应该寻找更多的货源。于是，欧洲人向西远航，无意间发现了美洲大陆，以及美洲大陆上的"印度胡椒"——辣椒。

虽然欧洲人将辣椒引入印度的具体时间已经无从考证，但可以肯定的是，这种奇特的植物很快就受到了印度人的欢迎。这不仅仅是因为辣椒比黑胡椒更加火辣，还因为辣椒很便宜，即使是一贫如洗的穷人也能买得起。

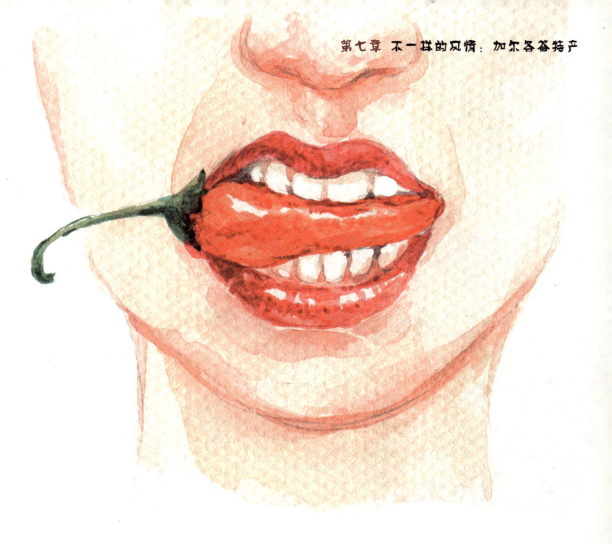

那时，穷人将辣椒捣成糊状，和米饭拌在一起，最多再加上一点芥末和生姜汁，便是一餐值得回味的正餐。

此后，辣椒便在印度生根发芽。人们对这种农作物进行改良，并且在大量的菜肴中使用这种调味品，以至于人们不知美洲辣椒，只知印度辣椒。

印度辣椒有如此大的名气，当然不仅仅是因为印度人对它的热爱，还因为从印度辣椒中走出了一个"明星"——魔鬼椒。

魔鬼椒，这种听上去就令人退避三舍的辣椒，曾长期排名世界第一辣。它到底辣到什么程度呢？据说，只要吃一小口，你的喉咙和舌头就会体会到被穿透的刺激感。这时，喝水、吃米饭都没有用，你只能等辣味自动散去。至于什么时候散去嘛，不同的人有不同的答案。不过，希望十分钟之内就恢复正常是不可能的。

世界级的艺术品
——克什米尔地毯

要不是亲自拜访克什米尔地毯加工厂，你或许不会相信这么精美的地毯，竟出自如此简陋的地方。

虽然贩卖地毯的展示厅干净整洁，但是工作间里没有任何的装饰。工人们蹲在满是尘土的水泥地上工作，屋内有些闷热，汗水像雨滴一样，不停地从他们脸上滑落。工人们没有时间擦汗，因为他们所有的注意力，都在眼前的木头架子上。

架子上便是游客心中的主角——克什米尔地毯。不过它们还是一根根羊毛。工人们一边看脚下的花样，一边小心翼翼地编织羊毛。要不是亲眼所见，你可能无法相信，如此美丽的地毯，竟然出自这些平凡的、穿着简陋的工人们之手。

或许你会想称他们为"大师"，不过在他们看来，这只是一项收入不错的工作罢了。不过，当游客对着地毯上繁复的花纹发出惊叹声时，他们又露出了骄傲的笑容。

为了供奉神灵而制作的印度香

从什么时候开始，人们就将印度香当做绝佳的伴手礼了呢？或许没有人能回答这个问题。但是我们能知道的是，在很久之前，印度人就开始制作香了。《阿闼婆吠陀》和《梨俱吠陀》中曾经记载过印度香，上面提到熏香有一定的药用价值，能够令人感到愉悦。

其实在最开始的时候，线香并不是为了贵族而制作的，而是为了供奉神灵。因此，在古印度大部分香都是由僧侣制成的。

如今，我们依然能够轻易地想象出当时的画面：虔诚的僧侣从珍贵的树木中提取出树脂和自然胶，再经过多重工序制成散发着浓郁香味的线香。僧侣们将香点燃，在神灵前虔诚祈祷，祈求风调雨顺、国泰民安。神灵没有说话，只有沉香袅袅。

喝茶，印度人的生活方式

若你问印度人最喜欢的饮品是什么，他们一定会毫不犹豫地告诉你：茶。

走在加尔各答的大街小巷中，经常能看到大大小小的茶摊。虽然这些茶摊看上去凌乱而破旧——几张斑驳的木椅子放在路边，喝茶的人就坐在矮脚的椅子上，有些椅子承受不了当地人的体重，已经出现了裂痕。但是人们一副优哉游哉的模样，让你不由自主地也停了下来，坐在椅子上，等着喝茶。

然而，当老板为你端上奶茶以后，你也许会有点失望。虽然它的气味令人着迷，但是味道很普通。小贩在煮好的茶中放入奶和糖，你甚至能喝得出来哪一层是奶，哪一层是茶。只是当地人似乎一点也不在意这种落差。他们喝一口奶茶，再和老板随意地聊上几句，好像一天的疲惫都消失了，脸上是满足的笑容。

　　如果你有熟悉的印度朋友，那么他会告诉你：这是穷人的喝法，富人可不这么喝。如果想体验中产阶级的生活，可以去花园街寻一家装修精致的茶铺。在那里喝茶，你就不会遇到分辨出奶和茶的窘境。煮茶的师傅用小锅小火将奶茶煮出来，然后根据你的口味加入大量的香料，如丁香、肉桂等。

　　上层阶级的人则更讲究一些。每到下午茶时间，他们会穿上精致的衣服——男士穿西装，女士穿裙装——坐在视野极好的庭院中，让佣人倒上一杯浓香的大吉岭红茶，再咬一口蛋糕，让浓郁的红茶和甜美的芝士蛋糕在口中交汇。这时，连远处的喇叭声，都变成了美妙的乐章。

第八章

难以忘却的记忆：加尔各答美食

这个城市永远都不会缺少美食的香气。

走在繁华的公园街时，你常常会闻到一股醇厚的香味。再往前走，你便能发现"始作俑者"——装修精致的奶茶店。

在街头闲逛时，一股焦香味飘到你身边。循着香味往前走，你便能寻得一个满是小吃摊的小巷子，人们挤在小巷子中，等着小贩把自己的土豆饼、油炸茄片从油锅中捞出来。

一到饭点，大街小巷都弥漫着一股咖喱香气。你也别急着表示自己的厌倦，因为不同的餐馆，咖喱饭的味道也不一样。

最具代表性的酸奶饮料
——拉西

每一个来到印度的人，或许都见过这种情景：烈日炎炎，印度人几乎人手一杯奶黄色的饮料。他们叼着红色的塑料管，用力一吸，饮料便以极快的速度见了底。这杯奶黄色的饮料，犹如一颗灵丹妙药，他们刚喝下去不到几秒钟，脸上的汗便踩了急刹车，再过几秒就消失不见了。

这种神奇的饮料，就是印度最具代表性的酸奶饮料——拉西。

这是一种用酸奶、水和香料调制出来的饮料。第一次来到印度的人或许不习惯这种饮料，因为它是咸的！是的，传统的拉西是咸的，要不是人们还在其中加入了冰块，你也许会以为这是一碗汤。

不过你也别急着叹气。在花园街的甜品店中，你也能找到甜味的拉西。除此之外，还有各种各样的水果拉西，如草莓拉西、芒果拉西等。

要是你被头顶的太阳折磨得说不出话来，不妨买上一杯拉西，感受这独特、美妙的滋味。

能够抚慰印度人的甜酸奶酪

对印度人来说，清爽平淡的食物就像规规矩矩的美人一般，美则美矣，却毫无个性。他们更喜欢经过油炸以后依然美味的食物，或是那些戴上香料面具的食物。

或许是湿热的天气赋予了他们一颗火热的心，所以他们从不为小脚女子般的食物折腰。让他们心心念念的，都是那些可以在天地间掀起风浪的食物，如魔鬼椒。

然而，凡事都有例外，甜酸奶酪就是其中之一。

甜酸奶酪，顾名思义，是一种酸酸甜甜的奶酪。它没有突出的个性，也掀不起什么风浪，它更像闲坐于家中的家庭主妇，拥有温柔的眉眼和高超的厨艺。它吃起来很可口，是那种能够在炎热的夏日抚慰你的食物。

若按常理推断的话，它应该不属于印度人热爱的食物。然而你永远都不会知道，在命运的舞台上下一幕将发生什么。

印度人与甜酸奶酪相遇了。印度人立刻爱上了这种酸甜可口的美食。这种桥段，就像一个整日流连于风月场所的花花公子，突然爱上了离异的家庭妇女一样。没有人相信印度人是真的热爱这种食物，或许连甜酸奶酪也这么想。

不过，"花花公子"真的收了心，和"离异家庭妇女"过起了家庭生活。

清晨，印度人会切一两块面包，然后将甜酸奶酪抹在面包上，咬上一口，似乎一天都神清气爽了。午后，闷热的天气惹得人心中烦闷，印度人就用甜酸奶酪泡奶茶，只需喝上一口，就能让头脑清醒过来。完成了一天的工作之后，人们饥肠辘辘。这时吃一片甜酸奶酪，不仅能缓解饥饿，仿佛连苦涩的现实生活都变得甜蜜了。

有卖相也有吃相的印度香饭

毫无疑问，印度香饭是极有卖相的食物。

将米饭作为底色，胡萝卜和西红柿所呈现出来的红色，就像舞者的大红色裙摆——即使你还没有欣赏过她的舞姿，也已经被她征服。而绿色的青椒，如点缀于红花中的绿叶，看似不起眼，实际上在不知不觉中带来了清凉。

你若足够细心的话，还能在这里发现茄子丁和菜花，它们像从未担当过主角的路人乙一样经常被人们遗忘。然而，当你发现它们时，它们又能给你带来无限的惊喜。

当然，印度香饭不是只有外表的木头美人，它极具个性。当你和它初次相遇时，可能无法接受它的个性——它又酸又辣，你要喝下一大杯柠檬水才能将它吃完。但是当你熟悉印度香饭，摸透它的个性之后，便会爱上它了。它极其爽口，又带着淡淡的香气。吃上一口，齿颊留香。

尽享咖喱风味
——什锦咖喱鲜蔬

走在加尔各答街头，你会发现虽然也能见到羊肉、虾等身影，但是小吃摊上的主角还是各种蔬菜。

因为很多印度人都是素食主义者，菜花、土豆和胡萝卜就成了他们心中的挚爱。了解了这一点后，你便能明白，为什么什锦咖喱鲜蔬在印度如此受欢迎了。

什锦咖喱鲜蔬，就是将各种蔬菜，如豆角、胡萝卜、茄子等，切成大小不等的丁，然后放在一起翻炒，最后用咖喱调味的菜肴。

火热的咖喱，将安静内向的蔬菜带动了起来，蔬菜原本平淡、清爽的口感不见了，取而代之的是辛辣和酸甜。这种变化，犹如一个沉稳、行事老派的姑娘，突然变成了张扬的冒险者一样，总是让人大吃一惊。

印度人倒很喜欢这种变化。来到餐馆后，他们总要点上一盘什锦咖喱鲜蔬，咬上一大口，然后等咖喱味慢慢在嘴中扩散开来。

Crispy
SHRIMP

油炸茄片，油炸食品中的佼佼者

印度人怎么就这么喜欢吃油炸食物？当在加尔各答转上一圈后，或许你会生出这种疑惑。

走在加尔各答街头，即使没有看到小吃摊，你也能闻到一股焦香味——那是油炸食物的气味。循着香味往前走，便能找到油炸爱好者的天堂——一个聚集了无数油炸小吃摊的巷子。

炸土豆、炸香蕉、炸猪肉丸、炸虾……这里的食材倒是多种多样，只是烹饪手法颇为单一，你只能听到油锅的嗞嗞声。虽然小贩似乎没有一点创意，但是这条小巷子还是吸引了不少食客。

人们先是被油炸香味吸引，而在看到这些金灿灿的食物后，连最后一点理智也完全丧失，守着小吃摊不肯离开。就连衣衫褴褛的乞丐，也会时不时地来这里奢侈一回。

在众多油炸食品中，最受欢迎的还是油炸茄片。

　　小贩总是要准备很多根茄子。因为如果准备得少，那么也许只需要一个上午，最受欢迎的油炸茄片就断了货。姗姗来迟的食客对小贩怒目而视，仿佛在责怪他不照顾自己这个老顾客；小贩也很懊恼，一边招呼客人，一边计算今天的收入。

　　为什么印度人这么喜欢吃油炸茄片呢？大概是因为茄子具有先天优势。茄子好像生来就属于油锅。才进油锅没多久，它便能和油锅打成一片。油能将它的香味全部引出来，而它那些隐藏在外皮下的柔软也都在油锅的温柔抚慰下展现了出来。

　　在油锅中，茄片变得更加美丽。人们去除了它的表皮，为它披上了一件金黄色的大衣——鸡蛋液，戴上了一串珍珠项链——面包渣。如果说在没有进炸锅之前，它还是一个偷穿大人衣服的小孩的话，那么从炸锅中出来的它，犹如历经岁月而越发坚强的成熟女性——让她如此美丽的，不再是她身上美丽的衣裳，而是她的灵魂。

　　鸡蛋和面包渣的香味已经渗进了茄片的每一个角落。轻轻咬上一口，香气瞬间弥漫在嘴里。那种松脆香嫩的口感，即使是再挑剔的食客，也无法忘记。

散发着迷人香气的烤鱼
——咖喱鱼

对 印度孩子来说，在杜尔迦女神节看父母制作咖喱鱼，是一年中最美好的事情。
杜尔迦女神节和中国的春节类似，每到这个节日，人们便会启程回乡，准备和家人相聚。那些生活窘迫的人，也会上街给自己和孩子添置几件新衣，买上一点糖果供奉神灵。

孩子自然是喜欢这个节日的，因为他们不仅可以见到很多和自己年龄相仿的亲人，还能够自由自在地玩耍。更重要的是，他们可以跟在母亲身边，看母亲像变魔法似的拿出一盘盘美味佳肴来。

最受孩子欢迎的是咖喱鱼。这是一种烤鱼，但是因为需要使用到各种香料，所以它又带上了独特的风情。

制作咖喱鱼是一件烦琐的事情，因而孩子们总是自告奋勇地为母亲分忧。制作咖喱鱼的第一步是将各种香料放在石臼中捣碎。这是一项体力活，孩子们应该不喜欢干，但是孩子们有自己的小九九。他们常常趁着母亲不注意时，加入自己喜欢的香料：喜欢吃辣的，就多加一点咖喱粉；口味清淡的，就悄悄地倒入姜黄粉；那些口味较重的，则会快、准、狠地放入一勺盐。也有老实的孩子，他们按照母亲的配料认真地干活。不过没过多久他们就后悔了，石臼里的大蒜太多，蒜汁都溅进他们的眼睛里了。

等香料都准备好后，这道菜肴的主角——鱼，终于上场了。因为家里人多，所以母亲总是会一次多烤几条鱼。那些看上去极为新鲜的鱼整整齐齐地摆在案板上，惹得孩子们恨不得化身原始人，也"茹毛饮血"一次。

别着急，这些鱼还没有穿上衣服呢。母亲把酱料均匀地抹在鱼身上，放在盆中腌制一会儿。在这个步骤，孩子们一般是帮不上忙的，因为母亲的手法老练，她知道如何给鱼按摩，才能让酱料快速入味。

接下来是孩子们最喜欢的一个步骤：烤鱼。鱼还没腌好呢，孩子们就忙着搭木头架子了。他们将木架支起来，在中间搭上一条木棒。等长辈在木棒下铺上木炭，一个简易的烤鱼场所就搭建好了。

　　母亲小心翼翼地将鱼挂在木棒上，那股咖喱香味立刻在庭院中弥漫开来。烤鱼时一定要注意火候，但是母亲完全不用在意，因为孩子们是她的通信兵，总会及时地向她报告烤鱼的进程。

　　等火炭烧得差不多时，咖喱鱼也完成了。那时，咖喱的香味就完全散发出来了，再加上炭火烤制后的焦香味，连邻居都忍不住探出头来，称赞母亲的手艺。孩子们早就被这股香气俘虏，紧紧地跟着母亲，要刚刚做家务活的奖励呢。

和盘子一样大的米饼

——都沙

没有人能解释印度人为什么如此喜欢饼。加尔各答卷饼也好，印度飞饼也罢，好像只要与面糊、米糊有关的食物，印度人都会毫不犹豫地捧场。

都沙就是其中一种。这种用米糊煎制而成的食物，经常出现在印度人的餐桌上。即使已经阅尽无数印度饼，但当都沙出现在面前时，人们还是会忍不住惊叹。因为它实在太大了。

都沙和一个盘子差不多大，这还是它对折之后的效果——在制作时，厨师会先放入馅料，再将饼皮对折。如果厨师突发奇想，你或许会吃到和炒菜锅差不多大的都沙。

不过你也不用担心自己吃不下，都沙很薄，即使吃上一大块，也不会觉得腹胀。

因此，你可不要因为它的外表错过这道美食了。咬一口都沙，感受饼皮的酥脆焦香，让带着咖喱、洋葱香气的馅料在嘴里安全"登陆"，最后再像印度人那样发出惊叹声，绝对是一次难得的体验。

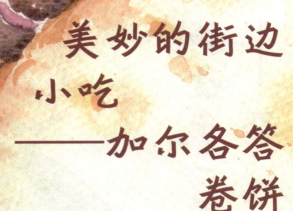

美妙的街边小吃
——加尔各答卷饼

如果你问加尔各答人最得意的美食是什么，那么加尔各答卷饼一定在名单的前列。

这种卷饼看上去没什么特别的——小贩用米糊摊成一张香脆的薄饼，然后在薄饼中裹上烤肉、泡菜、酸辣酱等——却征服了很多挑剔食客的胃。走在加尔各答的街头，你常常看到那些步履匆匆的都市人拿着这种巴掌大的卷饼吃得一脸满足。

那些来过印度多次的旅客，总是点名要吃这种薄饼。加尔各答人经常骄傲地告诉别人："有人在国外开起了这种卷饼店，结果立刻受到了当地人的欢迎，每到饭点，店门口就会大排长龙呢。"

或许你会觉得有点奇怪："这种看上去平凡无奇的卷饼，为什么会有这么大的魅力？"这是因为小贩独特的匠心。每个小贩都是运用香料的高手，他们知道这种用米糊制成的薄饼最适合哪些香料。

因此，你在咬下第一口后，感受到的不是薄饼的香脆，而是霸道的、辣中带酸的香料味。过几秒钟，酥脆的感觉才会从香料中挣出身来，让你如掀起滔天巨浪的味蕾平静下来。等你再咬一口，就会发现卷饼的气味和香料的气味开始和解，它们手牵手变成了配角。泡菜、烤肉、咖喱鸡、奶豆腐等馅料隆重登场，以浓郁的口感给你带来新的体验。

要注意的是，即使你早就听说过加尔各答卷饼的大名，也不要急着吃。因为这种卷饼上插着一个牙签呢。这当然不是小贩想谋害你，而是加尔各答卷饼的特殊造型。

对于为什么要为卷饼选择这种奇特的造型，不同的人有不同的说法。有的人说，发明者最初是将酥饼和烤肉串包在一起卖的，后来，烤肉串和酥饼结合成了卷饼，竹签则作为陪嫁留了下来。还有的人说，这是为了方便定型，不让里面的馅料洒出来。

无论是为了什么，这种奇特的造型和卷饼美妙的口感，已经长长久久地留在了食客心中。

清爽不油腻的坦都里烤鸡

虽说印度人以素食为主，但是这并不意味着他们连一道别具特色的肉菜都没有。坦都里烤鸡就是其中之一。

印度菜都离不开香料，坦都里烤鸡也不例外。在进坦都炉窑之前，厨师会将整只鸡用香料汁腌渍。当这只鸡没有了之前的土腥味，只有一股淡淡的咖喱香气时，厨师才会把它放进坦都炉窑。

等等，别急着打开坦都炉窑，我们还有别的事情要做。或许是怀着对这只鸡的歉意，厨师总会给这只鸡洗个澡。用什么洗澡呢？当然不是清水，而是酸奶。

用酸奶是否能洗干净？这当然不在厨师的考虑范围内，只要能够让这只鸡带着一股淡淡的酸奶香味，肉质更加滑嫩，厨师便心满意足了。

接下来便是重头戏：将鸡放入烤箱中。不过，这对鸡来说很重要，对厨师却无关轻重。只要定好闹钟，厨师便可以优哉游哉地准备配菜了。

坦都里烤鸡的配菜一般是生菜或绿宝塔花菜，因为这些清爽的蔬菜可以中和烤鸡浓厚的口感，让那些口味清淡的人，也不至于讨厌这道菜肴。

等烤鸡的香味在厨房中弥漫开来时，坦都里烤鸡便完成了。在吃之前，要将烤鸡摆好盘。虽然红配绿总是被人嫌弃，但是被摆放在生菜或绿宝塔花菜间的烤鸡，会让你忘记了色彩搭配，只想由衷地称赞一句："美得像幅画！"

对于美食，印度人总是有无限的耐心。即使烤鸡的香味在不停地挑逗他们的味蕾，他们也会先拿出特制的绿色酱汁，再开始品尝。这是一种酸辣味的酱汁，但极其爽口。将散发着浓郁咖喱香气的烤鸡和这种酱汁结合在一起，完全不会感觉到油腻。

具有印度风味的三明治——印度卷面包

在很多游客眼中，印度卷面包就是具有印度风味的三明治。

　　其实这种说法也不能算错。印度卷面包就是在面包中加上鸡蛋、肉类，再根据个人的口味加入沙拉酱或其他酱。看上去，无论是原材料，还是制作的方法，都跟三明治没什么区别。

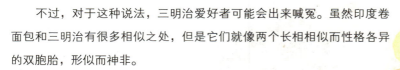

不过，对于这种说法，三明治爱好者可能会出来喊冤。虽然印度卷面包和三明治有很多相似之处，但是它们就像两个长相相似而性格各异的双胞胎，形似而神非。

印度卷面包的灵魂是那些风味独具的酱料。这些酱料看似平凡，而且小贩每次只加入一点点，却能产生意想不到的效果。那些平淡、温和的面包，在遇到印度酱料后，突然由一个守规矩的乖乖女变成了一个叛逆的摇滚少女。这种转变如此迅速和突兀，让刚刚咬下一口印度卷面包的你愣了好一会儿神。

这些酱料如同隐藏在阴影中的大反派，你明知它在背后推动所有的事情，却无法找到它的确切位置，甚至无法说出它的名字——你很难准确地说出这些酱料的原材料。

这是因为不同的小贩，制作出来的酱料味道也不同。制作酱料是一种极具个人风格的事情，少放一点小茴香、多放一点辣椒，制作出来的酱料就大不相同。即使是同一个小贩，在不同心情时制作的酱料味道也不同。

因此，若是觉得某一家的印度卷面包好吃，人们便会成为这一家的常客。或许，与其说他们是奔着印度卷面包去的，不如说他们是奔着小贩去的。

既是油炸食品，又是甜食
——杜拉球

印度人爱吃甜食，这是众所周知的事情。可将甜食制作成油炸食物，你听说过吗？

有了对油炸食物的热爱，印度人的想象力和创造力似乎也得到了飞速的发展。那在油锅里滚动的小团子，便是著名的甜食——杜拉球。

小贩将鹰嘴豆粉打成糊状，架上油锅准备制作杜拉球。糊状的鹰嘴豆粉有点黏人，即使小贩不停地晃动小碗，但它们依旧不愿意离开温柔的瓷碗中。它们也不傻，看见油锅中滚动的气泡，便明白那是有去无回之旅。

也有勇敢的鹰嘴豆粉，它们跳下了锅，从娇滴滴的模样变成了坚强的小团子。它们的气

154

味也变了，之前的豆制品的香气，已经变成了油炸香气。它们历劫归来，静静地躺在玻璃碗中，不知让多少印度人为之倾倒。

它们的旅程还没有结束。小贩深知，此时的它们虽然已经算得上畅销品，但是没有个性和特色。身处风格各异的油炸食品中，它们时时刻刻面临着被淘汰的风险。

于是，小贩想到了一个办法：将它们变成甜食。变身不困难，只需架上一个小锅，倒入白砂糖和纯净水，熬制浓稠时关火，再将这碗热乎乎的糖水和金黄的鹰嘴豆粉团混合在一起就可以了。

这样一来，它既有了油炸食物的香气，又有了甜食的甜蜜和芬芳，如何不让印度人沉醉？

如果你误入满是小吃摊的小巷子，不妨试一试这种进过油锅的甜食，让油炸的焦香和糖水的甜蜜在你嘴中交汇。

具有印度风情的小吃——咖喱角

在加尔各答街头，常常能看到一种三角形的小吃，它有一个可爱的名字：咖喱角。虽说这个名字很有印度风情，但是当你走近一看时，便会发现它有些名不副实。诚然，你的确能够在它身上闻到咖喱的香气，但是即使擦亮眼睛仔细寻找，也很难找到咖喱的踪迹。

这种小吃的美妙之处在于，你无法发现咖喱，但处处都是咖喱的香气。

这是一种用面粉皮包裹馅料的小吃，因小贩的喜好不同，所以馅料也不同。不过大体来说，逃不出马铃薯、土豆、豌豆、洋葱、猪肉这几类。

在制作咖喱角之前，小贩会用各种香料给馅料调味。等馅料都变成独具印度风情的美人后再将其放入面粉皮中，如此一来，连面粉皮都带上了咖喱的香气。小贩稍微一加热，整条街都是咖喱的香气。怎么不惹得当地人像小猫见了鱼仔似的走向小贩摊前？

品味蕴藏在塔利中的千百种滋味

———个圆形铝盘中，盛放着小份儿的米饭、酸奶、蔬菜、咖喱等，这就是印度最常见的套餐——塔利。

塔利出现在印度的具体时间已经无从考证，但可以确定的是，在如今的印度，塔利已经成了印度人生活的一部分。

那些干体力活的人，最喜欢在饥肠辘辘之时点一份塔利。别看这些都是小份儿菜，但是那些能将塔利都吃得干干净净的人，大概都是大胃王。而且在平民餐厅，米饭和咖喱都可以免费续加，它因此也成了穷人心中最经济实惠的套餐。

对那些想好好感受印度风情的游客来说，塔利也是不能被错过的。在这个小小的圆盘中，你能品尝到各种滋味的印度菜：甜的、酸的、苦的、咸的、涩的、辣的。塔利如同一个万花筒，看上去很小，实际上世界都藏在其中。

不过，对塔利的看法，不同地区的印度人有不同的答案。在印度北方，塔利往往是以面饼作为主菜，以几道口味颇重的菜肴作为配菜，再加上一份甜点。而来到印度南方后，你就会发现，塔利的主菜变成了炸饼或米饭。

若你来到吉加拉特省——耆那教信徒占多数的省份，塔利中的肉菜便消失得无影无踪，你只能吃纯素的塔利。拉贾斯坦省的塔利也很特别，虽然主菜面包很常见，但是配菜中的沙漠植物，是你在其他地区无法品尝到的。

或许，对印度人来说，面饼也好，沙漠植物也罢，塔利的意义从不在于具体的食物，而是塔利中蕴藏的千百种滋味。这些滋味，不就是人生的滋味吗？而这日日可见的塔利，也在陪伴人们日常生活的同时，提醒着人们生活的意义。

最受欢迎的鸡肉料理

—— 奶油鸡

生活在这样一个几乎不吃牛肉的国度中，你会发现印度人对鸡肉的热爱超乎人们想象。路边的小吃摊上最常见的肉类食物就是鸡肉丸。小贩将其裹上一层薄薄的面包糠，然后扔进油锅中煎炸。不一会儿，油锅中飘过一股香味，惹得旁边的人们不住地咽口水。

在酒店的自助餐中，鸡肉串最是常见。印度人将其和辣椒、茄子串在一起，再淋上一层咖喱汁。不一会儿，一盘鸡肉串就没了踪影。

而在所有有关鸡肉的菜肴中，最受人欢迎的是奶油鸡。

当你刚刚到达加尔各答，甚至还没有吃第一餐饭时，你便能感受到印度人对奶油鸡的热爱。英文菜单上，"Butter Chicken"旁边一定画上了好几个三角形，显示它是本店的代表菜肴。你或许会以为这只是该店的特色，而当你去第二家、第三家餐馆吃饭时，发现奶油鸡好像被内定了一样，永远都排在菜单的前列。

　　这当然不是印度人为了宰你一刀，故意让你点昂贵又不好吃的食物。事实上，奶油鸡几乎可以算印度人最喜欢吃的菜肴了。

　　奶油鸡的制作工序很复杂，但是印度人完全不怕麻烦。他们兴致勃勃地将洋葱、大蒜、辣椒切碎，然后用橄榄油将这些调料炒香，之后拿出自己最爱的香料：小豆蔻粉、香菜籽粉等，再用橄榄油翻炒出香味。

　　这些步骤是不是很烦琐？但是这才是开头。在接下来的这一步中，他们还无法接触到这道菜肴的主角——鸡。因为配料还没有准备好。他们从冰箱中拿出早已准备好的鸡汤和番茄酱，将之前的香料倒入番茄酱中，然后打成泥。

　　这是最困难的一步，对没有食物料理机的人来说，这就是漫长的、没有尽头的力量训练。但是他们不舍得停下来，因为那浓郁的香料气息，如同心上人甜美的微笑一般，能够让他们克服所有的困难。

当所有的香料都变得黏稠后，印度人还不能放松，他们只能在心里给自己加油，继续手上的动作。是的，这不过是万里长征的第一步而已。他们还要将奶油倒入酱汁中，开火让液体变得浓稠。

酱汁准备好了，接下来便是翻炒鸡肉、用酱汁熬制鸡肉，加入剩下的奶油。总之，每一次要烹饪奶油鸡时，他们总要为这道复杂的菜肴留出足够的时间。

不过，当带着咖喱和奶油香气的鸡肉在他们嘴中展现出最美味的一面时，他们就忘记了之前的烦琐和辛苦，开心地思考什么时候再做这道菜肴。

名声在外的美食
——印度飞饼

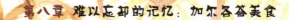

可能你并不熟悉印度美食，但是你一定听过印度飞饼。

有的人说，印度飞饼之于印度，就如同北京烤鸭、麻婆豆腐之于中国。甚至有人说，关于印度美食，除了咖喱，我就只知道印度飞饼。

然而，当你来到加尔各答后便能发现，虽说印度飞饼声名在外，但是并没有咖喱那样高的国民度。人们之所以认识它，全靠厨师如杂技般行云流水的烹饪手法。

印度飞饼，顾名思义，这是一种能够"飞"起来的面饼。当然，在它还是一个面团时，它还是老老实实地待在平底锅中的。等它快要熟，面皮有点膨胀时，它便生出了"世界很大，我想要去看看"的想法。

所幸厨师不是蛮横的封建家长，他捏起面饼，像东北二人转中转手帕一样，将面饼按顺时针方向转动。完成心愿的面饼高兴极了，它仿佛变成了少年哪吒，以可见的速度变大，同时也越变越薄。

待到面饼快要裂开时，厨师又将它甩进平底锅中。重新接触平底锅的面饼，"嘭"的一声，立刻膨胀起来，好像不愿意接触火焰。在平底锅待了几十秒后，厨师又将其移入了盘子里。

或许是因为见过"市面"，印度飞饼的内在更加丰富——它分成了两层，外面那一层吃起来松脆焦香，里面那一层则绵软细腻，带一丝甜味。

印度人最喜欢将飞饼和咖喱酱搭配在一起。当然，不同的人选择的咖喱酱也不同。咬一口沾上咖喱酱的飞饼，再喝一口奶茶，所有的辛苦和不满都消失了。

长得像黑暗料理的菠菜奶酪汤

绿色的菠菜汤上漂浮着几块芝士，没有比这更像黑暗料理的菜肴了。

作为一道十分受当地人欢迎的素食，菠菜奶酪汤一直没有什么名气，可以说是"养在深闺人未识"。虽然印度人每周都要和它见面，而且几乎每次都会夸奖它："实在是太美味了！"但是他们却不愿意将这道菜肴带进大宴会中。

其实，道理很简单：这是一道有吃相没卖相的菜。人们将菠菜熬得浓稠，虽然这会让菠菜更加软烂，也更入味，但是这也使得它像某个巫婆调制出来的药水，仿佛喝上一口就会变成青蛙。

所幸它的内在很吸引人。只要喝一口，人们便能发现，当香浓的芝士和清甜的菠菜结合在一起后，会引发怎样神奇的化学效应。所以，那些被旁人视为"勇敢者"的食客，只喝了一小口，就再也无法忘记这种奇妙的菜肴了。

迷人的家常菜肴——咖喱明虾

虽说印度人不常吃肉，而且穷人也没有钱吃肉，但是一个月中总有几天，他们的饭桌上会弥漫起一股咖喱明虾的香气。

咖喱明虾很下饭，这大概还是特色酱料咖喱的缘故。那股辣中带酸的咖喱香气，已经完全盖过了虾肉的气味。因此，即使是日日吃辣椒的人，在吃咖喱明虾时，也要事先盛好一碗饭，以免在吃咖喱明虾时失了神。

虾肉的鲜香气味也没有完全消失。等咖喱的热闹劲退却了，虾肉的香气才会出现。虾肉是矜持的、胆小的，像那被人类伤害过的小猫，发现人类没有注意到它时，才会出来觅食。

虾肉出现的时机正好。这时，热烈的咖喱味刚刚散去，人们被辣得有点头痛，那清爽鲜美的虾肉自然能得到人们的肯定。这种滋味，如同吃过油炸食物后喝上一杯茶一样，人们心中别提有多熨帖了。

最受孩子欢迎的小吃
——普里

对孩子来说，如果能在放学的路上买上几块普里，那么这一天就会更加美好。

小吃摊前，小贩正专心致志地制作一种用全麦面粉做的炸饼。这种圆形的炸饼只有人们的手掌大小。但是它们很有个性，在进入炸锅后，这种看似普通的面饼立刻鼓起来，像是在抗议小贩的不"人道"行为。

小贩可来不及关心这些面饼的心情，他正忙着用长筷子给这些面饼翻身。普里的制作十分讲究，若是小贩走了神，或是没有注意火候，这些面饼就会像泄了气的皮球一样，迅速地瘪了下去。这种凹下去的普里虽然也能吃，但是味道差了很多——你完全品味不到焦香味，只剩一股煳味。

刚刚出来做生意的小贩总要报废不少面团，这也是他们的学费。如今，普里的香味飘得老远，表示这位小贩已经出师了。

这股香味总能吸引不少孩子，尤其是在放学时，孩子们背着五颜六色的书包，像小麻雀一样聚集在小贩摊前。他们伸着脖子，一边悄悄地咽口水，一边盯着金黄色的普里。

"来一个。""来两个！"这是孩子们的声音。说实话，普里这么小，一个或两个只能用来塞牙缝。但是孩子们的零用钱只够买这些，或许这还是以中午不吃饭作为代价呢。

小贩手脚麻利，他将刚刚出锅的普里放在报纸中，包好递给孩子。孩子们小心翼翼地接过，又迫不及待地咬了一口，结果被烫得牙龈疼。

也有阔绰的孩子，他会买上一份蔬菜泥一起吃。这时，他就变成了万众瞩目的明星，那些刚刚才和他闹别扭的孩子，也会笑嘻嘻地和他打招呼，只为换一口蔬菜泥吃。